Generis

PUBLISHING

# Intégration commerciale agricole du Burkina Faso dans le marché communautaire ouest Africain

Enjeux, Défis et perspectives

*OUEDRAOGO Oumar*

Title: Intégration commerciale agricole du Burkina Faso dans le marché communautaire ouest Africain

Enjeux, Défis et perspectives

ISBN: 979-8-88676-931-9

Author: OUEDRAOGO Oumar

Cover image: www.pixabay.com

Publisher: Generis Publishing
Online orders: www.generis-publishing.com
Contact email: info@generis-publishing.com

**Dédicace**

JE DEDIE TRES HUMBLEMENT CE TRAVAIL DE RECHERCHES A
TOUT CEUX QUI M'ONT PRETE LEUR ASSISTANCE ET QUI N'ONT
CESSE DE M'APPORTER LEURS ENCOURAGEMENTS TOUT AU
LONG DE MON PARCOURS. JE LE DEDIE EGALEMENT A TOUTE
MA FAMILLE QUI M'A TOUJOURS SOUTENU POUR LA REUSSITE
DE CE PROJET.

.

## REMERCIEMENTS

Je tiens à remercier tout d'abord l'Université EENI GLOBAL BUSINESS SCHOOL, pour son modèle innovant qui m'a permis de réaliser cette thèse à distance tout en menant une activité professionnelle.

Je tiens à remercier Madame Susana Fernandez, Professeur à EENI BUSINESS SCHOOL et Directrice de la thèse, qui m'a encadré tout au long de cette thèse et m'a prodigué ses inestimables conseils. Qu'elle soit aussi remerciée pour sa gentillesse, sa disponibilité permanente et ses nombreux encouragements.

Merci aussi à Madame Marie-José Bourges, consultante et collègue, pour sa relecture soigneuse et les corrections apportées au document final.

Enfin, je tiens à remercier tous les collaborateurs du cabinet YIRVOUYA CONSEILS ET DEVELOPPEMENT, pour leur engagement et leur patience pendant les toutes années que j'ai consacrées à ce travail de recherche.

## Table des matières

## SECTION V : INTEGRATION COMMERCIALE DU BURKINA FASO DANS L'ESPACE CEDEAO ET EFFICACITE DES MECANISMES DE PROMOTION DES EXPORTATIONS DES PRODUITS AGRICOLES 123

# Liste des tableaux

## Liste des figures

# Liste des encadrés

## Liste des abréviations, acronymes et symboles

| | |
|---|---|
| APEX | AGENCE NATIONALE POUR LA PROMOTION DES EXPORTATIONS |
| ACP | AFRIQUE CARAIBE PACIFIQUE |
| APE | ACCORD DE PARTENARIAT ECONOMIQUE |
| ACC | ASSOCIATION COTONNIERE OUTRE-MER |
| AOF | AFRIQUE OCCIDENTALE FRANÇAISE |
| ANPI | AGENCE NATIONALE POUR LA PROMOTION DES INVESTISSEMENTS |
| ABNORM | AGENCE BURKINABE DE NORMALISATION, DE METROLOGIE ET DE LA QUALITE |
| AIPEO | ASSOCIATION DES IMPORTATEURS ET EXPORTATEURS DES PRODUITS OLEAGINEUX |
| ASIECRU | ASSOCIATION DES IMPORTATEURS ET EXPORTATEURS DES PRODUITS DE CRU |
| BEI | BANQUE EUROPEENNE D'INVESTISSEMENT |
| BM | BANQUE MONDIALE |
| CEDEAO | COMMUNAUTE ECONOMIQUE DES ETATS DE L'AFRIQUE DE L'OUEST |
| CEE | COMMUNAUTE ECONOMIQUE EUROPEENNE |
| CEMAC | COMMUNAUTE ECONOMIQUE ET MONETAIRE DE L'AFRIQUE CENTRALE |
| COMESA | COMMON MARKET FOR EASTERN AND SOUTHERN AFRICA |
| CFDT | COMPAGNIE FRANÇAISE POUR LE DEVELOPPEMENT DES FIBREES TEXTILES |
| CEA | COMMUNAUTE ECONOMIQUE AFRICAINE |

| | |
|---|---|
| CITEX | COMPTOIR DES INDUSTRIES TEXTILES ET COTONNIERES |
| CCIA | CHAMBRE DE COMMERCE, DE L'INDUSTRIE ET DE L'ARTISANAT |
| CBC | CONSEIL BURKINABE DES CHARGEURS |
| DGI | DIRECTION GENERALE DE L'INDUSTRIE |
| DAGRIS | DEVELOPPEMENT DES AGROINDUSTRIES DU SUD |
| EAMA | ETATS AFRICAINS ET MALGACHE |
| FAO | FOOD AND AGRICULTURE ORGANIZATION |
| FED | FONDS EUROPEEN DE DEVELOPPEMENT |
| FEDOM | FONDS EUROPEEN DE DEVELOPPEMENT DE L'OUTRE-MER |
| GESB | GROUPEMENT DES EXPORTATEURS DE SESAME ET AUTRES PRODUITS OLEAGINEUX DU BURKINA FASO |
| ITC | INTERNATIONAL TRADE CENTRE |
| INERA | INSTITUT NATIONAL D'ETUDES ET DE RECHERCHES AGRICOLES |
| IRCT | INSTITUT DE RECHERCHES DU COTON ET DES TEXILES EXOTIQUES |
| MCIA | MINISTERE DU COMMERCE DE L'INDUSTRIE ET DE L'ARTISANAT |
| MEBF | MAISON DE L'ENTREPRISE DU BURKINA FASO |
| MPCEA | MINISTERE DU COMMERCE, DE LA PROMOTION DE L'ENTREPRISE ET DE L'ARTISANAT |
| OMC | ORGANISATION MONDIALE DU COMMERCE |
| ONAC | OFFICE NATIONAL DU COMMERCE EXTERIEUR |
| OHADA | ORGANISATION POUR L'HARMONISATION EN AFRIQUE DU DROITS DES AFFAIRES |
| PTOM | PAYS ET TERRITOIRES OUTRE-MER |

| | |
|---|---|
| SNE | STRATEGIE NATIONALE DE PROMOTION DES EXPORTATIONS |
| SADC | COMMUNAUTE DE DEVELOPPEMENT D'AFRIQUE AUSTRALE |
| SOFITEX | SOCIETE VOLTAIQUE DE FIBRES TEXTILES |
| TEC | TARIF EXTERIEUR COMMUN |
| TDP | TAXE REGRESSIVE DE PROTECTION |
| TDC | TAXE DOUANIERE COMPENSATRICE |
| UE | UNION EUROPEENNE |
| UEMOA | UNION ECONOMIQUE ET MONETAIRE OUEST AFRICAINE |
| UMA | UNION DU MAGHREB ARABE |
| UCEF | UNION COLONIALE DE L'EMPIRE FRANCAIS |
| UA | UNION AFRICAINE |
| UGCPA | UNION DES GROUPEMENTS DE COMMERCIALISATION DES PRODUITS AGRICOLES |
| UNPC | UNION NATIONALE DES PRODUCTEURS DE COTON |

# Résumé

Les résultats des travaux sur le sujet de recherche que nous avons intitulé
« **Intégration commerciale du Burkina Faso dans l'espace communautaire
de la CEDEAO : Contexte historique et analyse de l'efficacité des
mécanismes de promotion des exportations des produits agricoles, défis et
perspectives** », revêtent une importance particulière pour les pays africains et
notamment pour le Burkina Faso qui cherche à diversifier son économie et à
exporter davantage ses produits vers le marché du libre-échange africain et le
marché commun de la Communauté Economique des Etats d'Afrique de l'Ouest
(CEDEAO).

Au cours de nos travaux de recherche, nous avons exploité plusieurs types
d'ouvrages qui traitent de la théorie relative au développement du commerce
international et aux différentes approches et formes d'intégration économique et
commerciale. L'exploitation des données recueillies et les résultats obtenus nous
ont permis de comprendre le contexte historique de l'évolution de l'émergence
de la production de rente en Afrique et des mécanismes mis en place pour
promouvoir des échanges commerciaux particuliers avec le continent européen,
par l'entremise des politiques commerciales orientées vers la spécialisation
autour des produits d'exportation issus des cultures de rente.

Depuis la période de l'accession aux indépendances, les pays africains ont
toujours entretenu des relations commerciales particulières avec l'Union
Européenne (UE).Par jalons successifs, les échanges commerciaux ont évolué
entre les pays africains regroupés au sein d'organisations qui ont changé de
format au fil du temps. En effet, dans le but de sécuriser les sources
d'approvisionnement en produits de base, l'UE (ex Communauté Economique
Européenne – CEE) suscitait la création en 1962 du groupe des Etat Africains et
Malgache (EAMA), constitué de seize (16) pays nouvellement indépendants, qui
deviendra le groupe des pays d'Afrique – Caraïbe – Pacifique (ACP), après un
passage à quarante-six (46) membres sous l'influence de la Grande-Bretagne qui
venait d'adhérer à la CEE.

Au nom de l'aide financière au développement accordée à ces pays, plusieurs
accords commerciaux issus de différentes conventions de partenariat, signées
progressivement avec les pays africains, ont tracé les sillons de la dépendance
commerciale entre les pays de la CEE et les pays africains : Les premiers
exportant des produits manufacturés vers les marchés de consommation

africains et ces derniers exportant des matières premières, notamment agricoles, vers le marché commun européen.

L'histoire des faits économiques nous enseigne que l'intégration commerciale avec d'autres nations est le propre des nations qui s'engagent sur la voie de l'émancipation et du développement. A divers degrés de niveau des relations économiques, elles doivent franchir des phases successives dans les relations de partenariat inscrites sur la voie de l'intégration, à savoir : Le libre-échange commercial, l'union douanière, le marché commun, l'intégration sectorielle, l'intégration économique intégrale etc.

Le Burkina Faso partage le même destin que l'ensemble des pays africains regroupés au sein des organisations africaines et régionales. Dans le cadre de ses rapports avec la CEE, la trajectoire de ses échanges commerciaux a suivi la même évolution que celle de ses pairs africains, depuis son accession à l'indépendance à nos jours, ce qui ne l'exonère pas pour autant de toutes responsabilités devant les succès mais aussi devant les échecs rencontrés.

### i) Dans le cadre des accords de partenariat commerciaux issus des conventions de Yaoundé I & II :

Le Burkina Faso, membre et solidaire des EAMA avec lesquelles il partageait une politique commerciale commune, assura pendant une décennie avec la CEE (de 1963 à 1972) la promotion des exportations du coton graine et du coton fibre vers le marché commun européen et s'engagea définitivement dans la monoculture cotonnière de rente.

Les accords issus des conventions de partenariat de Yaoundé I & II ont permis d'affirmer son intégration commerciale dans la chaine de valeur des produits agricoles d'exportation, à travers l'adoption du régime commercial de désarmement progressif des droits de porte, instauré sur une base de réciprocité avec le marché commun européen. On notera que la possibilité de réaliser des échanges inter-EAMA était exclue des accords établis.

Pour le Burkina Faso, le financement de l'aide au développement étant en priorité orienté vers le secteur porteur de la production cotonnière, on assista, en raison des inégalités de développement et des termes de l'échange commercial pour ces produits, à la création d'une économie extravertie, orientée vers la sécurisation des approvisionnements du marché commun européen.

Pour l'ensemble des pays africains bénéficiaires, les mécanismes de financement de l'aide au développement du Fonds Européen de Développement (FED) apparaissaient comme des outils de contrôle des politiques économiques et n'ont pas permis d'amorcer un développement économique ancré dans une agriculture vivrière, tenant compte de la diversification des produits d'exportation. La coopération financière sur cette période introduisit des mécanismes d'endettement, dont la mise en œuvre entrainera par la suite des crises de surendettement successives.

### ii) Dans le cadre des accords de partenariat commerciaux issus des conventions de Lomé I, II, III & IV entre l'UE et les pays ACP associés :

Les conventions de Lomé enregistraient l'adhésion de l'Angleterre au sein de l'UE et des ex-colonies anglaises originaires d'Afrique, du Pacifique et des Caraïbes qui formeront, avec les autres pays d'Afrique et Malgache, les pays ACP.

Les changements apportés aux accords de Lomé offraient des privilèges beaucoup plus limités que les accords de Yaoundé aux pays ACP. En effet, les nouvelles dispositions permettaient à la CEE de contracter des accords commerciaux soutenant des relations commerciales de même nature avec d'autres états tiers hors pays ACP. Ceci permit à la CEE de se tourner vers d'autres débouchés pour assurer ses approvisionnements, sans que soit accordée aux pays ACP la possibilité de développer des échanges commerciaux entre eux.

### iii) Dans le cadre des Accords de Partenariat Economique (APE) avec la CEDEAO :

L'accord de Cotonou constitue le point de départ d'une nouvelle phase de collaboration entre les pays ACP et l'UE, qui marquera un début de changement avant l'instauration des Accords de Partenariats Economiques (APE) considérés comme le nouveau cadre de référence de promotion des échanges commerciaux. Ainsi, l'accord de Cotonou est considéré comme une étape transitoire vers la signature des APE. En ligne avec le schéma d'intégration économique de la Communauté Economique Africaine (CEA), il fut donné une place importante aux organisations sous régionales, telle que la CEDEAO en Afrique de l'Ouest, dans la conduite des négociations des APE.

Dans le cadre de la signature des APE, il ressortit la nécessité de mettre en place une zone de libre-échange entre les pays membres de la CEDEAO et de l'UE, afin de promouvoir les échanges commerciaux. Il fut donc créé, en 2010, le dispositif d'accès au marché de l'Afrique de l'Ouest intitulé « **OFFRE DE PARTENARIAT COMMERCIAL POUR LE DEVELOPPEMENT** » qui avait pour objectifs de : (i) Etablir une asymétrie dans les engagements en faveur des pays de l'Afrique de l'Ouest, pour tenir compte des différences de niveau de développement ; et (ii) Impulser de façon effective le développement dans la région.

### iv) *Les mécanismes d'intégration commerciale de la CEDEAO*

En vue d'harmoniser sa politique d'intégration commerciale avec la zone de l'Union Economique et Monétaire Ouest Africaine (UEMOA), la CEDEAO instaura une union douanière, avec l'application d'un Tarif Extérieur Commun (TEC) en 2015, et des mesures de sauvegarde, pour assurer les échanges commerciaux extracommunautaires, alignées sur les cinq (5) niveaux de droits de douane de l'UEMOA : i) *Catégorie 0 : Les biens sociaux essentiels avec un droit de douane à 0% ; ii) Catégorie 1 : Les biens de première nécessité, matières premières de base, biens d'équipement et intrants spécifiques avec un droit de douane de 5% ; iii) Catégorie 2 : Les intrants et produits intermédiaires avec un droit de douane de 10% ; iv) Catégorie 3 : Les biens de consommation finale et autres biens non repris ailleurs avec un droit de douane de 20%* ; v) *Catégorie 4* (étatiques p. d., 2009) *: Les biens spécifiques pour le développement économique avec un droit de douane de 35%.* S'ajoutent au TEC la Taxe Dégressive de Protection (TDP), la Taxe Conjoncturelle à l'Importation (TCI) et la Taxe Douanière Compensatoire (TDC) de la CEDEAO.

Notons que les droits de douane de catégories 2 et 3 visent à promouvoir le commerce intracommunautaire pour la production locale des pays membres. En entérinant une première phase d'application de l'union douanière de 2015 à 2019, une seconde phase est entrée en vigueur à partir de 2020.

### v) *Défis et propositions des mécanismes de promotion des exportations du Burkina vers le marché communautaire de le CEDEAO :*

Pour répondre aux défis identifiés à différents niveaux, nous proposons un ensemble d'actions à mettre en œuvre et des appuis pour renforcer le mécanisme de promotion des exportations, via l'Agence nationale pour la Promotion des Exportations (APEX).

- *Les défis au niveau des entreprises exportatrices. Nous énumérons les actions suivantes :* Le développement de l'activité et l'augmentation des ventes ; la réduction des coûts de fabrication à l'unité ; l'optimisation des capacités de production et l'augmentation des profits ; la compensation des fluctuations du marché national et la diminution de la dépendance par rapport à un seul marché traditionnel ; la répartition et la limitation des risques ; la prolongation de la vie du produit et l'amortissement plus rapide des coûts d'innovation lorsqu'ils existent ; l'enrichissement des connaissances et l'exploitation des expériences acquises grâce à l'ouverture sur les marchés internationaux ; l'augmentation des capacités à mieux affronter la concurrence mondiale.

- *Les défis au niveau national. Les actions proposées sont :* L'amélioration de la balance commerciale ; l'acquisition de devises grâce au commerce extérieur et l'attraction de nouveaux investisseurs ; la valorisation de l'image pays au plan international ; l''accélération de la transformation de l'économie nationale et des capacités productives en vue de satisfaire la demande nationale et internationale ; l'accroissement du degré d'intégration de l'économie nationale dans la chaine de valeur du commerce mondial.

- *Les défis au plan de l'amélioration des conditions-cadre institutionnelles et commerciales au sein de la CEDEAO. Les actions sont :* L'appropriation et la maîtrise des politiques et des réglementations commerciales les Etats membres ; les appuis au développement du commerce intra - régional et international par les Etats membres ; la diversification et l'accroissement des capacités de production des Etats membres ; les ajustements indispensables pour prendre en compte les autres besoins liés au commerce extérieur.

- **Les appuis en vue de promouvoir l'intégration commerciale dans l'espace communautaire par l'APEX Burkina.**
    o La promotion internationale des produits d'exportations ;
    o L'amélioration de la qualité des produits ;
    o La structuration et le renforcement des compétences des entreprises exportatrices ;
    o Les mécanismes d'accès à la logistique internationale ;
    o L'accès aux moyens de paiement internationaux ;
    o L'accès aux moyens de cautionnement ou de garantie pour les entreprises exportatrices ;
    o L'accès aux garanties de soumission ;
    o L'accès aux garanties de bonne exécution ;
    o  L'accès aux garanties de crédits à l'exportation ;
    o L'instauration de systèmes d'affacturage à la portée des exportateurs.

Le degré d'intégration du Burkina Faso dans les chaines de valeur du marché communautaire de la CEDEAO et du marché mondial serait beaucoup plus important avec des exportations basées sur les promotions de produits semi finis et finis issus de l'agro-industrie. En effet, des stratégies fondées sur la promotion des exportations des produits de l'agro-industrie stimuleraient la croissance et la diversification de la production agricole. Dans ces conditions, au lieu d'une stratégie nationale de promotion des exportations - dont les limites ont été démontrées -, des stratégies sectorielles de promotion des exportations des produits l'agro-industrie devraient permettre une transformation de l'économie nationale et induire : *i) Le développement d'une base industrielle comme levier, afin de promouvoir la consommation locale sur le marché intérieur et également entrainer l'accroissement de la production agricole ; ii) Une meilleure intégration commerciale sur le marché régional communautaire ; iii) L'amélioration des capacités d'exportation vers le marché international et (iv) L'accroissement des valeurs ajoutées.*

# Chapitre I : Introduction générale

## Section I : Présentation, contexte économique et profil des exportations du Burkina Faso

### 1.1.    Présentation et contexte économique

Pays enclavé de l'Afrique de l'Ouest le Burkina Faso est entouré par six pays frontaliers, à savoir les Républiques de Côte d'Ivoire, du Ghana, du Togo, du Bénin, du Niger et du Mali.

Le Burkina Faso dispose d'une superficie de 274 220 km² et compte une population de 19 034 397 habitants en 2016[1]. Avec un taux d'accroissement annuel de la population globale de 2,7%, la population active est estimée à la même période à 7 234 180 personnes, soit 36,28% de la population totale.

Le Burkina Faso est classé dans la catégorie des Pays les Moins Avancés (PMA) avec un faible revenu par habitant et des ressources naturelles limitées.

Au cours des dernières années, la croissance est tirée par la production de l'or et du coton qui constituent les deux premiers produits d'exportation. Entre 2020 et 2021, le Produit Intérieur Brut (PIB) est passé de 17,96 à 19,75 milliards de dollars US, avec un taux de croissance annuel respectivement de 1,9% à 6,9%. Le PIB par habitant est passé de 834 dollars US en 2020 à 892 dollars US en 2021. Le taux d'endettement est quant à lui passé de 44,9% du PIB en 2020 à 48,2% en 2021, alors que le taux d'inflation reste faible passant de 1,9% en 2020 à 3,9% en 2021. Cependant, et malgré ces progressions, la balance des transactions courantes est demeurée déficitaire (soit 0,74 milliards de dollars US en 2020 et 0,8 milliards de dollars US en 2021).

L'emploi est porté surtout par les services (48,6%), suivis par l'agriculture (26,2%) et l'industrie (25,2%). Concernant la contribution de ces secteurs au PIB en 2020, l'industrie y contribue pour 32,6%, l'agriculture pour 18,4% et les services pour 40,8%.

L'agriculture de subsistance est le secteur dominant, alors que le principal produit agricole de rente est le coton, en plus d'autres produits tels que le karité, le sésame et les produits fruitiers, en particulier la mangue fraiche. L'industrie

---

[1] INSD, « annuaire statistique du Burkina Faso » 2016,

est surtout extractive et dominée par l'or[2] comme principal produit d'exportation. De ce fait, le pays est vulnérable aux fluctuations des prix mondiaux du coton et de l'or.

## 1.2.   Profil des exportations des produits agricoles du Burkina Faso

Selon les études de la Banque Mondiale (BM), l'économie du Burkina Faso est ouverte au commerce extérieur qui contribue à hauteur de 59% au PIB ; la balance commerciale du pays demeurant structurellement déficitaire.

En 2021, la valeur des exportations totales de biens et de services s'élevait à 5,1 milliards de dollars US. Le coton non cardé ni peigné représentait 9% du total des recettes du pays, ce qui plaçait ce produit au premier rang des exportations des produits agricoles, contre 2,3% pour les noix de cajou, 2,1% pour les oléagineux (dominés par les graines de sésame), 0,6% pour les fruits (dominés par la mangue fraiche) et 0,6% pour les produits issus de l'agro-industrie (Voir tableau 1). Ces données révèlent ainsi le faible niveau de performance du secteur des exportations des produits agricoles et de ceux issus de l'agro-industrie.

Les pays d'importation destinataires de ces produits se classent par ordre d'importance[3] comme suit :  la Suisse (72,7%), l'Inde (9,6%), Singapour (3,8%), la Côte d'Ivoire (3,6%), le Mali (1,6%), les Etats Unis d'Amérique (1,1%), le Ghana (1,0%), la France (0,8%), le Togo (0,7%) et le Niger (0,7%).

Sur le plan de l'intégration économique, le Burkina Faso est membre de l'UEMOA, de la CEDEAO et fait partie de l'union douanière ouest-africaine. Sur le plan de la coopération économique, il est membre de la Communauté des Etats Sahélo-sahariens et de l'Union Africaine (UA) qui constitue l'espace de libre-échange commercial (Voir figure 1 ci-après).

---

[2] L'or représente 85% des recettes totales d'exportation du pays (Banque Mondiale https://www.fellah-trade.com/fr/export/carte-atlas/burkina-faso/economie    consulté    le 20/05/2023).

[3] La Suisse est le premier pays de destination de l'or non monétaire burkinabè, Singapour le premier pays de destination des graines de sésame burkinabè.

**Figure 1 : Carte des communautés Economiques Régionales de la Communauté Africaine (Afrique, s.d.)[4]**

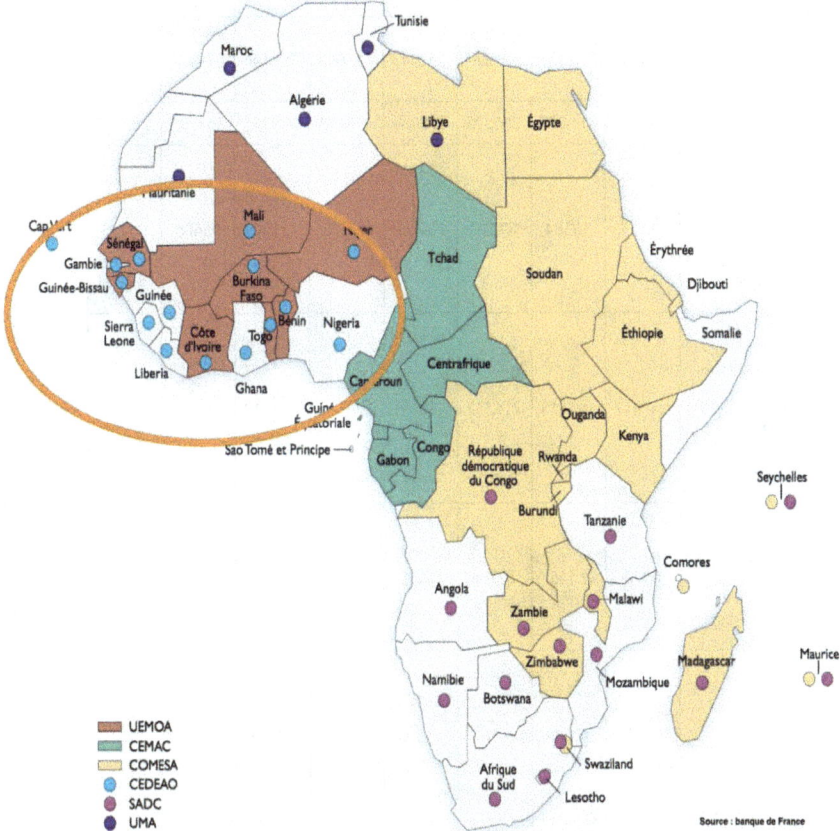

Source : banque de France

---

[4] Marchés Publics Afrique « Le portail de références des marchés publics africains ». http://www.marches-publics-afrique.com/reglementations-nationales-des-marches/uemoa---marches-publics.consulté le 20/05/2023.

# Tableau 1 : Liste des produits exportés par le Burkina Faso par groupe de produits : produits agricoles, agroalimentaires et dérivés (en 1000 $US)

| Code | Libellé produit | 2013 | 2014 | 2015 | 2016 | 2017 | 2018 | 2019 | 2020 | 2021 | 2022 |
|------|-----------------|------|------|------|------|------|------|------|------|------|------|
| 'TOTAL | Tous produits confondus | 2374447 | 2604182 | 2220535 | 2529151 | 2820721 | 3269734 | 3261124 | 4381069 | 5062869 | 4548742 |
| | Produits agricoles, agroalimentaires et dérivés | 786831 | 781171 | 671274 | 757647 | 744647 | 798146 | 678021 | 561773 | 798018 | 842743 |
| '5201 | Coton, non-cardé ni peigné | 467412 | 460708 | 286575 | 398883 | 336173 | 318765 | 351795 | 262162 | 454668 | 461467 |
| '0801 | Noix de coco, noix du Brésil et noix de cajou, fraîches ou sèches, même sans leurs coques ou ... | 52154 | 43184 | 87240 | 113169 | 157233 | 211529 | 95606 | 68113 | 116231 | 144150 |
| '1207 | Graines et fruits oléagineux, même concassés (à l'excl. des fruits à coque comestibles, des ... | 207077 | 197113 | 216735 | 152351 | 129182 | 169740 | 137125 | 109793 | 105627 | 116890 |
| '0804 | Dattes, figues, ananas, avocats, goyaves, mangues et mangoustans, frais ou secs | 6071 | 8546 | 10708 | 14097 | 15217 | 24001 | 23338 | 27399 | 31694 | 35479 |
| '1515 | Graisses et huiles végétales - y.c. l'huile de jojoba - et leurs fractions, fixes, même raffinées, ... | 7098 | 12488 | 9099 | 11086 | 12967 | 22387 | 32352 | 33577 | 29457 | 26337 |
| '2306 | Tourteaux et autres résidus solides, même broyés ou agglomérés sous forme de pellets, de l'extraction ... | 5308 | 9542 | 8305 | 10619 | 12902 | 11579 | 6946 | 10989 | 10767 | 10983 |
| '1201 | Fèves de soja, même concassées | 58 | 442 | 1126 | 230 | 707 | 1769 | 4193 | 6371 | 8148 | 9736 |
| '1512 | Huiles de tournesol, de carthame ou de coton et leurs fractions, même raffinées, mais non chimiquement ... | 1790 | 2887 | 4029 | 4125 | 5899 | 2184 | 2250 | 1989 | 3180 | 4676 |
| '5205 | Fils de coton | 3061 | 2105 | 4722 | 3689 | 4694 | 4478 | 3351 | 3149 | 4263 | 3968 |

| | | | | | | | | | | | |
|---|---|---|---|---|---|---|---|---|---|---|---|
| | (autres que les fils à coudre), contenant >= 85% en poids de coton, non conditionnés ... | | | | | | | | | | |
| '1901 | Extraits de malt; préparations alimentaires de farines, gruaux, semoules, amidons, fécules ... | 16 | 51 | 194 | 124 | 3 | 15 | 1490 | 6 | 1424 | 2337 |
| '1202 | Arachides, non-grillées ni autrement cuites, même décortiquées ou concassées | 508 | 69 | 94 | 2822 | 5198 | 5 | 283 | 145 | 2889 | 1956 |
| '2009 | Jus de fruits - y.c. les moûts de raisins - ou de légumes, non-fermentés, sans addition d'alcool, ... | 734 | 1060 | 2307 | 479 | 32 | 660 | 2579 | 415 | 822 | 1036 |
| '1701 | Sucres de canne ou de betterave et saccharose chimiquement pur, à l'état solide | 182 | 27 | 52 | 143 | 131 | 371 | 320 | 424 | 602 | 912 |
| '0813 | Abricots, pruneaux, pommes, pêches, poires, papayes, tamarins et autres fruits comestibles, ... | 131 | 220 | 261 | 184 | 275 | 309 | 155 | 237 | 526 | 740 |
| '2008 | Fruits et autres parties comestibles de plantes, préparés ou conservés, avec ou sans addition ... | 433 | 363 | 100 | 243 | 890 | 93 | 975 | 929 | 687 | 697 |
| '0703 | Oignons, échalotes, aulx, poireaux et autres légumes alliacés, à l'état frais ou réfrigéré | 624 | 673 | 525 | 622 | 447 | 592 | 651 | 690 | 837 | 689 |
| '0910 | Gingembre, safran, curcuma, thym, feuilles de laurier, curry et autres épices (sauf poivre ... | 39 | 60 | 8 | 66 | 431 | 596 | 386 | 576 | 505 | 570 |
| '0901 | Café, même torréfié ou | 223 | 95 | 208 | 143 | 502 | 110 | 19 | 105 | 56 | 414 |

| | | | | | | | | | | |
|---|---|---|---|---|---|---|---|---|---|---|
| | décaféiné ; coques et pellicules de café; succédanés du café contenant ... | | | | | | | | | |
| '5202 | Déchets de coton, y.c. les déchets de fils et les effilochés | 1364 | 343 | 27 | 101 | 89 | 50 | 52 | 86 | 353 | 345 |
| '1211 | Plantes, parties de plantes, graines et fruits des espèces utilisées principalement en parfumerie, ... | 302 | 375 | 1 | 54 | 6 | 18 | 58 | 117 | 706 | 335 |

Source : UN COMTRADE (**www.trademap.org**), consulté le 09/02/2023

## Section II. Justification du choix du sujet de recherche

La politique commerciale du Burkina Faso a été façonnée depuis la création de colonie de la Haute Volta en 1919, jusqu'en 1960, où l'UE et les Etats Africains et Malgache (EAMA) indépendants ont achevé la structuration du secteur productif de ces états, en faisant d'eux des exportateurs de produits de rente et des consommateurs des produits manufacturés.

Selon la formule consacrée de la France coloniale qui soulignait que « *la croissance économique des colonies doit plus bénéficier à la métropole tant pour son approvisionnement en matières premières, que comme le marché préservé pour ses produits finis*[5] », le Burkina Faso (ex Haute Volta) s'est spécialisé depuis la période coloniale dans la production et l'exportation du coton vers la métropole comme principal produit de rente. L'histoire de la production du coton fibre se confond avec l'histoire agricole au cours de l'évolution du pays.

En tant que premier produit d'exportation, nous pouvons observer différentes étapes d'évolution de la culture du coton au Burkina Faso :

Les années 1919 à 1932 marquent le début de la période de spécialisation de la colonie de Haute Volta, en imposant la production obligatoire du coton en vue de promouvoir les exportations vers la métropole française.

Après une période d'interruption de la production du coton, en raison du démembrement de la colonie de Haute Volta entre 1932 et 1947, la production du coton fut reprise entre 1947 et 1960, cette dernière année étant celle de l'accession de la Haute Volta à l'indépendance.

Par la suite, l'aide publique au développement promue par la commission européenne, au travers des différentes conventions de Yaoundé I et II, de Lomé I, II, III et IV, a continué à promouvoir le financement de la monoculture du coton au travers de la Compagnie Française pour le Développement des fibres Textiles (CFDT), principale société française du secteur du textile, continuant ainsi à faire de ce secteur une priorité pour les investissements de l'Etat Burkinabè. Puis, face au besoin de diversifier l'agriculture d'exportation et de réduire le déficit commercial, l'Etat a créé en 1974 l'Office National du

---

[5] René Tourte « La période coloniale et les grands moments des jardins d'essai : 1885/1890 – 1914/1918 », Vol IV, P21.

Commerce extérieur (ONAC)[6] dont les activités n'ont toutefois pas eu d'impacts significatifs sur la diversification des produits d'exportation.

En 2011, l'ONAC fut remplacé par l'Agence nationale pour la Promotion des Exportations (APEX), adossée à une Stratégie Nationale de promotion des Exportations (SNE), avec de nouvelles missions et des priorités axées vers l'intégration commerciale dans le marché régional de l'UEMOA et de la CEDEAO.

En plus du coton, plusieurs produits d'exportation sont désormais inscrits dans les priorités nationales. Ce sont : le sésame, le karité, la mangue fraiche et séchée qui deviennent alors les principaux produits d'exportation du pays.

Sur le plan de l'évolution du libre-échange commercial avec les partenaires, le Burkina Faso, en tant que membre des EAMA, entretient depuis son accession à l'indépendance des rapports avec le marché commun de l'UE et vient également de s'inscrire dans le marché de libre-échange de la Communauté Africaine (CA) en tant que pays membre.

Au niveau de la région économique de l'Afrique de l'Ouest, le Burkina est membre de la CEDEAO qui constitue une union douanière regroupant 15 pays membres et de l'UEMOA qui constitue une union douanière et monétaire regroupant 8 pays membres.

En se fondant sur la théorie de la demande représentative, qui soutient qu'un pays pourrait tirer plus d'avantages compétitifs en échangeant avec des pays de niveau de développement similaire, nous pouvons considérer que l'intégration commerciale dans l'espace CEDEAO, qui est une extension de l'espace de l'UEMOA, constitue un impératif prioritaire pour le pays.

En l'occurrence, ces deux organisations régionales disposent de politiques et de programmes de promotion du commerce intracommunautaire en faveur des pays membres, dont le but est le renforcement des capacités et l'organisation des conditions cadre au plan commercial en vue de faciliter les échanges.

D'où l'intérêt de notre sujet de recherche intitulé « **Intégration commerciale du Burkina Faso dans l'espace communautaire de la Communauté des Etats de l'Afrique de l'Ouest (CEDEAO) : Analyse de l'efficacité des**

---

[6] Ordonnance N°74-034/PRES/MCDIM du 22 mai 1974, portant création d'un Etablissement Public de l'Etat à caractère Administratif (EPA) dénommé « Office National du Commerce Extérieur (ONAC) ».

mécanismes de promotion des exportations des produits agricoles et agroalimentaires. Défis et perspectives ».

# Chapitre II : Revue de la littérature

## Section I : Introduction

Le sujet de l'intégration économique et du libre-échange commercial en Afrique revêt une importance particulière pour les pays africains et particulièrement pour le Burkina Faso qui cherche à diversifier son économie et à exporter davantage ses produits vers le marché du libre-échange africain et le marché commun de la CEDEAO.

Au cours de nos travaux de recherche, nous avons passé en revue plusieurs types d'ouvrages qui traitent de la théorie sur le développement du commerce international.

Sur ce plan, nous avons procédé à l'analyse de l'évolution des politiques commerciales des EAMA, mises en place au lendemain des indépendances, en s'appuyant sur les enseignements issus des travaux de différents auteurs dont les principaux sont :

- Les travaux de Bala Balassa *« The theory of economic integration : an introduction (1961) »* qui traite des fondements théoriques de l'intégration économique. En effet, nous pouvons suggérer après analyse que les enseignements issus des travaux de cet auteur ont inspiré la construction du schéma du libre-échange et d'intégration économique et commerciale en Afrique et ailleurs ;

- Les travaux de Michael E. Porter à travers ses trois ouvrages sur le commerce international, à savoir *« Choix stratégiques et Concurrence (Porter, Choix Stratégiques et Concurrence, 1982) »*, *« L'avantage Concurrentiel (Porter M. E., 1985) »*, *« L'avantage Concurrentiel des Nations, Michael E Porter (Porter M. E., L'avantage Concurrentiel des Nations, 1998) »*, nous ont permis d'appréhender les facteurs qui influencent le secteur de l'intégration commerciale du Burkina Faso dans la chaine des valeurs du marché commun intracommunautaire de la CEDEAO, de l'UE et dans le marché du libre-échange mondial ;

- Les enseignements issus des travaux d'autres auteurs contemporains sur le commerce international nous ont permis d'approfondir nos connaissances sur les nouvelles pratiques du commerce international. Ces travaux sont : (i) La théorie sur la *« Politique commerciale stratégique* (Krugman, 2001) » ; (ii)

La théorie de « *Managed trade : making the best of the second best (Tyson, 1990)* » ; (iii) La théorie de la disponibilité de l'offre (Kravis, 1956) ; et (iv) La théorie de la demande représentative selon la thèse de S.B. Linder (Linder, 1960).

Afin de mieux appréhender l'évolution des rapports commerciaux relatifs aux produits agricoles entre l'UE et les pays africains, dont le Burkina Faso, nous avons analysé l'impact de la mise en œuvre des conventions de coopération, depuis la signature de la convention de Yaoundé I jusqu'aux APE. Il s'agit chronologiquement des conventions de Yaoundé I et II, des conventions de Lomé I, II, III, IV, de la convention de Cotonou et des APE.

En outre, nous avons procédé à l'analyse des résultats des programmes et des projets mis en œuvre par le Burkina Faso dans le cadre de la diversification de l'agriculture et des produits d'exportation, ainsi que de ceux de l'UEMOA et de la CEDEAO dans le cadre du renforcement de l'intégration commerciale au plan régional.

Dans les sections II et III suivantes, nous allons présenter le cadre théorique qui soutient nos travaux de recherche.

## Section II : Fondements théoriques du libre-échange entre les EAMA et l'UE au lendemain des indépendances et de l'intégration commerciale dans l'espace régional de la CEDEAO

Dans cette section, nous allons définir les différentes approches de l'intégration des relations commerciales entre pays et les différentes pratiques rencontrés dans les rapports commerciaux, entre les pays africains et l'Europe, et dans les rapports commerciaux intracommunautaires, à travers l'exemple de la CEDEAO.

### 1.1. Différentes approches et formes d'intégration économique et commerciale

L'approche de l'intégration économique entre les pays, selon B. Balassa, est basée sur une intégration graduelle et non simultanée entre les différents secteurs. Selon cette théorie, l'intégration économique est une démarche holistique et un processus qui fusionne les économies nationales, en présentant une absence de formes variées de discrimination entre elles ; c'est-à-dire, un ensemble soumis aux mêmes règles de décisions et de gouvernance économique.

B. Balassa distingue les facteurs qui entrent dans un cadre de politique d'intégration économique intégrale, de ceux qui relèvent des politiques de coopération entre les pays. Cette distinction permet d'aborder la notion d'intégration comme étant un processus marqué par des stades intermédiaires de coopération, qui peuvent être appréhendés sous diverses formes ayant pour but d'éliminer les barrières économiques et certaines formes de discrimination, en vue du renforcement du processus d'intégration économique.

Il ressort de la pratique usuelle différents stades de coopération économique et commerciale, dont nous pouvons citer :

- *La coopération à travers le libre-échange commercial entre les économies nationales :*

Elle aboutit à la levée des barrières tarifaires et non tarifaires entre pays signataires de l'accord de libre-échange commercial, tout en continuant de maintenir ces barrières pour les pays non membres des accords de libre-échange.

- *La coopération à travers l'union douanière :*

En plus de la suppression des barrières tarifaires et non tarifaires au sein de l'union des pays signataires, ces derniers harmonisent et appliquent un tarif extérieur commun aux pays non membres.

- *La coopération à travers la création d'un marché commun ;*

Le marché commun constitue un niveau avancé de l'intégration. Il englobe la libre circulation des biens et des capitaux, tout en appliquant des tarifs extérieurs communs aux pays non membres.

**Encadré 1 : Un exemple de règles promues par les six (6) pays à la signature du traité de Rome en vue de la création du marché commun européen[7]**

*Dans le cadre de la création du marché commun européen, l'exemple des résolutions prises par la conférence des ministres des affaires étrangères des six (6) pays européens tenue à Messine (Italie) du 1 au 3 juin 1957 a retenu des domaines d'action importants qui soutiennent le processus de création de marché commun.*

*En effet, la résolution de Messine dans le cadre de la création du marché commun des six (6) pays membres a posé comme base d'entrée les principales règles suivantes[8] : « Appliquer une procédure et un rythme de suppression progressive des obstacles aux échanges dans les relations entre les pays participants ainsi que des mesures appropriées tendant à l'unification progressive du régime douanier à l'égard des pays tiers (le tarif extérieur commun – TEC) ; Appliquer des mesures afin d'harmoniser la politique générale des pays candidats dans les domaines financiers, économiques et sociaux ; Adopter des méthodes susceptibles d'assurer une coordination suffisante des politiques monétaires des pays membres pour permettre la création et le développement d'un marché commun ; Mettre en place un système de clauses de sauvegarde ; Assurer la création et le fonctionnement d'un fonds de réadaptation ; Assurer l'établissement graduel de la libre circulation de la main-d'œuvre ; Elaborer des règles assurant le jeu de la concurrence au sein du marché commun de manière à exclure notamment toute discrimination nationale ; Mettre en place les modalités institutionnelles appropriées pour la réalisation et le fonctionnement du marché commun ; Egalement assurer une harmonisation des politiques économiques et sociales en tant que deuxième composante concomitante de la notion de marché commun ».*

- *La coopération à travers la création d'une union économique :*

Elle est fondée sur la suppression des restrictions des facteurs de discrimination économique et harmonise au sein de l'union les politiques en matière d'utilisation des biens et des facteurs de production. Elle constitue le prolongement du marché commun auquel on ajoute une politique économique et

---

[7] Création de la CEE, le rapport PAAK du 12 avril 1956.

[8] Traité de Rome, 1957

sociale harmonisée entre Etats membres et une politique commune de développement économique et social.

- *La coopération à travers l'intégration sectorielle :*

L'intégration sectorielle s'inscrit en général dans les domaines économiques à caractère stratégique qui nécessitent de gros chantiers supranationaux et qui engagent le plus souvent des investissements structurants. Par exemple : La création de réseaux de transport routiers, ferroviaires et fluviaux interconnectés, de centres de recherche sur l'énergie atomique, d'infrastructures hydro électriques, etc.

- *La mise en perspective de l'intégration économique intégrale :*

Ce stade d'intégration implique l'existence d'une structure politique supranationale qui définit les grandes lignes de la politique commune monétaire, fiscale et de développement économique et social qui devra être suivie par l'ensemble des Etats membres de l'union.

Cela nous amène au constat que la marche vers l'intégration de la communauté économique africaine pose, au fur et à mesure de sa progression, des sujets de convergence et en même temps de divergence économique et politique, au regard des disparités de vue autour des multiples enjeux liés à la préservation de la souveraineté nationale.

En règle générale, si certaines nations placent les aspects commerciaux et économiques comme étant la motivation primordiale, d'autres par contre mettent le facteur politique au premier plan, en soutenant que l'intégration politique aura un effet inducteur pour l'intégration économique[9].

Afin d'élucider la question sur le cas des pays francophones d'Afrique au lendemain de l'accession aux indépendances, nous procèderons à l'analyse du processus d'intégration commerciale entre les pays d'Afrique francophone indépendants (les EAMA) et la CEE, en mettant en évidence la nature des rapports commerciaux qui ont régi les échanges commerciaux avec la CEE, depuis la signature de la convention de Yaoundé I en 1963 à la signature de celle de Cotonou en 2001 sur les accords de partenariats économiques (APE).

En effet, dans le secteur agricole, les EAMA indépendants sont restés pour la plupart d'entre eux des exportateurs de produits de rente, sans rompre avec la

---

[9] Création de la CEE, le rapport PAAK du 12 avril 1956

logique de leur principale fonction du temps colonial qui était celle de fournisseurs de matières premières aux industries occidentales. Cette politique commerciale après les indépendances fut soutenue par différents accords commerciaux avec la CEE puis l'UE, dont les plus significatifs ont été les accords de Yaoundé (I et II), les accords de Lomé (I, II, III et IV) [10] et enfin les accords de partenariats économiques (APE) depuis 2001.

Ces différents accords ont fortement orienté la nature des échanges commerciaux entre l'Europe et les anciennes colonies du continent africain[11].

Comme nous le verrons dans le chapitre IV pour le cas du Burkina Faso, le confinement des échanges commerciaux du pays à travers ces formes de partenariats commerciaux n'a pas permis outre mesure l'intégration, la valorisation et l'exploitation des chaines de valeurs ajoutées agricoles, pour soutenir une croissance durable du pays.

Cependant, avant d'aborder ces aspects, nous analyserons d'abord dans le chapitre IV les facteurs d'évolution des politiques de libre - échange qui ont marqué les changements structurels de dépendance commerciale des EAMA vis-à-vis de la CEE, dans le cadre de la mise en œuvre des différentes conventions au travers lesquelles on apercevra une nouvelle forme de libre-échange commercial spécifique, ne correspondant pas au cadre théorique classique.

## 1.2. Accords des conventions de partenariat de Yaoundé (I et II) et des conventions de Lomé (I, II, III, IV) entre l'UE et les EAMA associés

Les accords issus des conventions de partenariat entre l'UE et les EAMA s'inspiraient de la théorie de libre-échange commercial, mais avaient un caractère spécifique quant à leur mode de fonctionnement qui dépendait de la ligne d'évolution de la géopolitique de la CEE. Ainsi, l'influence de la politique communautaire européenne sur la structure des économies des EAMA va orienter l'avenir de l'offre des produits d'exportation par rapport à la demande internationale.

---

### 1.2.1. Accords de la convention de partenariat de Yaoundé I entre la CEE et les EAMA associés

La convention d'association entre la CEE et les EAMA associés a été signée le 20 juillet 1963, après l'expiration de la convention d'association entre la CEE et les Pays et Territoires d'Outre-Mer (PTOM) qui prit fin en 1962. Elle entra en vigueur le premier juillet 1964.

Cette convention inaugurait une nouvelle ère marquant l'instauration des premières relations économiques et commerciales post indépendance entre dix-huit (18) pays d'Afrique et Malgache[12] et les anciens états colonisateurs.

Afin de garantir le principe d'indépendance politique de ces ex-colonies d'Afrique et Malgache, des réformes ont été introduites dans la politique de partenariat commercial afin de l'adapter au nouveau contexte de la géopolitique des Etats en s'inspirant des leçons apprises et des acquis enregistrés pendant la période de 1957 à 1962[13].

Une des insuffisances majeures de l'association avec les PTOM, fut le monopole du conseil de la CEE dans les prises de décision concernant la définition et la mise en œuvre des politiques économiques. Les amendements introduits ont permis l'adoption du principe d'égalité, l'instauration de rapports de concertation entre la CEE et les EAMA et la représentation de ceux-ci au sein de certains organes représentatifs lors des prises de décision sur le financement des programmes de développement.

Les accords de la convention de partenariat de Yaoundé I poursuivit les aspirations et les objectifs suivants[14] :

- Poursuivre la volonté de coopération mutuelle librement exprimée par les états membres ;

- Assurer le développement de la coopération économique, de l'industrialisation des EAMA associés, le développement des échanges

---

[12] Les dix-huit (18) Etats indépendants du groupe des EAMA à la signature de la convention de Yaoundé I sont : Le royaume de Burundi, la république fédérale du Cameroun, la république centrafricaine, la république du Congo Brazza, la république du Congo Léopoldville, la république de Côte d'Ivoire, la république du Dahomey, la république gabonaise, la république de Haute Volta, la république Malgache, la république du Mali, la république islamique de Mauritanie, la république du Niger, la république rwandaise, la république du Sénégal, la république de Somalie, le république du Tchad et la république togolaise (Claude Lucron, 1966, Vol 19, P 15).

[13] Période de mise en œuvre de la convention entre la CEE et les PTOM

[14] Claude Lucron, 1966

interafricains (du moins en théorie) et le renforcement de l'importance économique des EAMA associés ;

- Une coopération à durée illimitée, mais susceptible d'adaptation dans ses modalités, avec un droit de dénonciation de la part de chaque EAMA associé et de la communauté ;

- La nouvelle convention d'association aura une durée d'au moins cinq (5) ans.

Nous pouvons considérer l'objectif de la prise en compte du développement des échanges sur le plan interafricain comme étant le prélude à l'intégration économique africaine, avec une durée de mise en œuvre de ce premier accord de convention d'au moins cinq (5) ans.

### 1.2.2. Accords de la convention de partenariat de Yaoundé II entre la CEE et les EAMA associés

La convention de Yaoundé II a été signée le 29 juillet 1969 d'une part « *entre les parties contractantes au Traité instituant la Communauté Economique Européenne (CEE) signé à Rome le 25 mars 1957, le Conseil des Communautés Européennes et d'autre part, 18 Etats Africains et Malgache associés (EAMA) (Lucron, 1969)* ». La signature de cette convention faisait suite à l'expiration de la convention de Yaoundé I qui a duré du 20 juillet 1957 au 31 mai 1969. Elle constituait une continuité de la convention précédente dont l'exécution n'avait pu être achevée dans les délais. Toutefois, elle prenait en compte les insuffisances observées dans les accords précédents.

### 1.2.3. Accords de la convention de partenariat de Lomé (I, II, III & IV) entre la CEE et les pays ACP

La signature de la première convention de Lomé (nommée Lomé I) eut lieu en 1975 dans la capitale togolaise, pour une durée de cinq (5) ans s'étalant de 1975 à 1980, sous l'égide du groupe élargi de pays africains constituant les ACP d'une part et de la CEE d'autre part. Elle a été suivie par les conventions de Lomé II (1980-1985), Lomé III (1985-1990), Lomé IV (1990-1995) avec une disposition transitoire entre 1995 et 2000, année durant laquelle fut signée la convention de Cotonou. Les conventions de Lomé I, II, III & IV remplaçaient désormais les dispositions des conventions de Yaoundé I & II à partir desquelles les bases des politiques de libre-échange commercial entre les EAMA et la CEE avaient été lancées.

En effet, avec l'adhésion de la Grande Bretagne[15] à la CEE, une des exigences nouvelles fut la prise en compte des ex-colonies britanniques en Afrique, Pacifique et aux Caraïbes, ce qui a prévalu à la création du groupe des pays ACP associés qui deviendra le principal partenaire de la CEE. Quarante-six (46) pays deviendront ainsi membres du groupe des pays ACP, alors que la CEE s'élargissait à neuf (9) pays membres qui formaient désormais le marché unique européen [16].

A partir de l'année 1975, avec les accords de partenariat des conventions de Lomé, les ACP deviendront désormais la nouvelle zone d'influence commerciale de la CEE en Afrique en particulier (Halleux, 2008).

A travers les conventions de Yaoundé et de Lomé, nous allons analyser dans le chapitre IV, l'évolution des changements relatifs aux exportations des EAMA et des ACP dans le cadre des accords de partenariat économique et les orientations majeures qui en sont issues.

## Section III : Fondements théoriques de l'intégration commerciale des pays de l'UEMOA et de la CEDEAO et dynamique des exportations des produits agricoles du Burkina Faso

Depuis leur création, l'UEMOA et la CEDEAO ont élaboré des textes fondateurs et fixé les bases de l'intégration économique et commerciale en Afrique de l'Ouest. Plusieurs critères de convergence ont été imposés aux pays membres en vue d'accélérer le processus d'intégration.

Ce cadre d'intégration économique aboutit à la création d'unions douanières, dans un premier temps dans l'espace économique de l'UEMOA et dans un deuxième temps, dans l'espace économique de la CEDEAO, dans la perspective d'harmoniser les instruments des politiques commerciales pour les deux entités régionales ouest-africaines.

---

[15] Selon Stéphane Halleux (2008), la Grande Bretagne, en adhérant à la CEE le 1er janvier 1973, cherchait à intégrer le régime de préférence commerciale spécifique de la communauté des ACP-CEE qui lui offrirait la possibilité d'élargir son aide bilatérale à certaine de ses ex-colonies principalement pour promouvoir le secteur de la banane et du sucre dont elle était demandeuse.

[16] Les pays membres de la CEE à la signature de la convention de Lomé I sont : la Belgique, le Danemark (nouveau pays adhérent), l'Allemagne, la France, l'Irlande (nouveau pays adhérent), l'Italie, le Luxembourg, les Pays-Bas et la Grande Bretagne.

Dans cette optique, tout en prenant en compte le champ théorique de la formule du libre-échange tel que nous l'avons exposé plus haut, nous allons considérer d'autres théories économiques dont les enseignements permettent de mieux appréhender les orientations des politiques d'intégration à l'échelle régionale dans le cadre de l'espace de la CEDEAO.

## 1.1. Approche de la théorie sur les déterminants des avantages concurrentiels (Michael. E. Porter, 1990)

Elle met en avant deux facteurs de compétitivité : L'avantage comparatif par les coûts et l'avantage comparatif par la différenciation des produits.

L'avantage comparatif par les coûts consiste à mettre en avant la diminution des coûts de production et de transaction pour tirer des avantages à travers des rapports qualité/prix avantageux. Dans le cas du Burkina Faso, le marché intracommunautaire offre un circuit court d'accès aux marchés. En plus d'efforts à fournir sur les coûts de production, on assistera donc à une diminution des coûts de transaction.

L'avantage comparatif par la différentiation des produits consiste à promouvoir des produits différents innovants par rapport à la concurrence. A cet effet, Michel. E. Porter (1990) montre qu'en termes de développement des chaines de valeur des produits, « *le fait d'être le pays d'origine pour un produit, confère à ce pays un avantage stratégique du moment qu'il est le lieu de développement des procédés de production et de localisation des savoir-faire pour ce produit* ». Sur ce plan, le Burkina Faso possède d'énormes atouts qui lui confèrent des avantages concurrentiels en raison des similarités que les autres pays de la CEDEAO partagent avec lui en termes d'habitudes de consommation. L'apport technologique et technique pour le développement de la chaine de valeurs des produits est ainsi moins complexe.

## 1.2. Approche de la théorie de la disponibilité de l'offre de biens selon la thèse de I.B. Kravis

Elle met au centre des approches la « notion d'élasticité », qui suppose que toute variation de prix entraine une réaction et rétroaction de l'offre ou de la demande, le prix étant considéré comme le facteur qui détermine la variation de l'offre ou la demande. C'est « *l'élasticité du prix de l'offre ou de la demande d'un bien qui mesure la sensibilité de la réaction de l'offre (ou de la demande) du bien suite à la mobilisation de son prix* ». Le degré de compétitivité du commerce d'un pays dépendra donc de l'élasticité de l'offre nationale ainsi que du niveau « *de cadence comparative du progrès technique enregistré dans les industries d'exportation du pays considérée plus importante que dans les industries correspondantes de ses partenaires commerciaux*[17] ». Cette théorie met en évidence la nécessité pour un pays de constituer une base agro-industrielle pour pouvoir assurer un avantage concurrentiel. Toutefois, on peut déduire de cette théorie que tous les pays sont condamnés à importer d'une manière ou d'une autre des produits similaires, étant donné que l'offre des produits n'est pas illimitée.

Cette théorie soulève la réflexion sur la problématique de la stratégie de promotion des exportations des produits de l'agro-industrie et vient à contre-sens de la promotion des exportations des produits de rente non transformés, qui est la voie dans laquelle le Burkina Faso évolue depuis l'accession à l'indépendance et poursuit à travers la mise en œuvre de la SNE depuis 2011.

### 1.3. Approche de la théorie de la demande représentative selon la thèse de S.B. Linder

Selon la théorie de la demande représentative, le marché extérieur est une prolongation du marché intérieur. Par conséquent, la force d'occupation du marché intérieur dans un pays par les industries locales constitue un avantage lorsque celles-ci s'engagent dans les conquêtes de marchés extérieurs. Il est encore beaucoup plus avantageux lorsque les marchés extérieurs visés sont ceux des pays qui partagent « *des niveaux de vie et des revenus moyens semblables* ». A partir de cette théorie, on peut suggérer que le marché communautaire régional (CEDEAO) ou africain (CEA) constitue une opportunité commerciale pour les pays membres qui partagent en commun un niveau de développement économique et social similaire.

*« L'approche de notre recherche sur l'intégration dans la chaine des valeurs commerciale dans l'espace de la CEDEAO, s'appuiera entre autres sur ces théories qui énumèrent les facteurs de compétitivité adaptée dans un contexte de marché régional auquel le pays appartient.*

---

[17] Commerce International, juin 2017. « Le Commerce International, analyses, institutions et politiques des Etats ». Paris, De Boeck Supérieur SA, P 63. Ouvertures Economiques.

# Chapitre III : Méthodologie

Notre méthodologie de recherche s'est basée sur l'exploitation des informations issues de la revue de la littérature économique ciblée et d'entretiens et d'échanges auprès de responsables d'institutions. De plus, en tant que responsable chargé des études de projets de développement sur les filières agricoles au sein de mon organisation, j'ai pu capitaliser mes expériences acquises sur les différents sujets abordés au fil du temps sur le commerce extérieur du Burkina Faso et sur le commerce international de manière générale.

Les résultats obtenus à partir du traitement des informations qualitatives ont permis de conduire des réflexions sur les causes lointaines et factuelles du phénomène étudié. L'exploitation des informations quantitatives ont permis de dresser des tableaux et des graphiques d'illustration sur la réalité des problèmes liés à la politique commerciale du Burkina Faso.

Dans le cadre de la collecte des informations quantitatives, outre celles contenues dans les documents des programmes pays et les rapports d'activité des institutions, j'ai exploité les données mises en ligne sur plusieurs sites spécialisés, en l'occurrence ceux du International Trade Centre (ITC)[18], de la BM[19], de la Food and Agriculture Organization (FAO)[20], de la CEDEAO[21], de l'UEMOA[22], de l'UE[23], de la UA[24] et plusieurs autres sites qui traitent également de la mise en œuvre des politiques économiques et commerciales en lien avec le continent africain et la CEDEAO et l'UEMOA.

De manière spécifique dans notre approche technique, après avoir déterminé les principales variables qui auront marqué la conduite du processus des exportations du Burkina Faso du point de vue historique, pour le principal

---

[18] ITC (Portail des outils d'Analyse de marché) https://marketanalysis.intracen.org/en (consulté plusieurs fois au cours des travaux de recherche).

[19] Banque Mondiale https://www.banquemondiale.org/fr/home (consulté plusieurs fois au cours des travaux de recherche).

[20] FAO https://www.fao.org/home/fr (consulté plusieurs fois au cours des travaux de recherche).

[21] CEDEAO https://ecowas.int/?lang=fr (consulté plusieurs fois au cours des travaux de recherche).

[22] UEMOA http://www.uemoa.int/fr/le-traite-modifie (consulté plusieurs fois au cours des travaux de recherche).

[23] UE https://european-union.europa.eu/index_fr (consulté plusieurs fois au cours des travaux de recherche).

[24] UA https://au.int/fr/node/3587 (consulté plusieurs fois au cours des travaux de recherche).

produit agricole de rente qui est le coton, nous avons ensuite exploré les principales orientations qui ont conduit à l'adoption des politiques commerciales ayant permis la diversification de la production et des débouchés à travers le monde, et plus particulièrement dans l'espace communautaire de la CEDEAO, pour les nouveaux produits d'exportations que sont la mangue, le sésame, le karité et les produits maraichers.

Une première étape de notre analyse, concernant la revue historique de l'évolution des politiques commerciales, nous a permis d'appréhender la pertinence de l'application des différents accords issus des conventions de partenariat entre les groupes des pays africains et l'UE et de tirer les conclusions sur les « autoroutes » des exportations des produits agricoles.

Sur ce plan, à la lumière des approches sur les théories du libre-échange commercial, nous avons défini des trajectoires qui ont marqué les relations commerciales entre les différents groupes de pays africains constitués (EAMA et ACP) et l'UE en tant que principal partenaire commercial depuis les indépendances. Cette étape a été essentiellement basée sur l'exploitation de documents de recherche scientifique et sur des archives. Elle nous a permis de cerner l'importance des facteurs structurants du commerce extérieur du Burkina Faso qui exercent une influence lourde sur les orientations de sa politique commerciale des produits agricoles au cours de cette dernière décennie.

Pour ce faire, afin de pouvoir cerner les facteurs explicatifs, avons analysé également l'évolution des résultats agronomiques qui ont servi de supports technologiques engendrant le confinement des exportations de produits issus de l'agriculture au seul produit du coton. L'analyse a permis de tirer des conclusions sur l'impact des orientations de la politique de recherche agronomique sur le développement de la monoculture du coton, à l'exclusion des autres produits agricoles quoique présentant des potentialités pour les exportations.

Enfin, en abordant le sujet de « **l'Intégration commerciale du Burkina Faso dans l'espace communautaire de la Communauté économique des Etats de l'Afrique de l'Ouest (CEDEAO) : Analyse de l'efficacité des mécanismes de promotion des exportations des produits agricoles et agroalimentaires. Défis et perspectives** », nous avons préféré exclure le coton qui est connu comme étant le premier produit agricole d'exportation du Burkina Faso vers le marché international et qui ne présente pas à l'heure actuelle un enjeu dans l'intégration au marché sous régional.

Nous avons retenu le cas des exportations de la mangue fraiche (3<sup>eme</sup> produit agricole d'exportation après le coton) et du sésame (2<sup>ème</sup> produit après le coton) qui ont été aussi intégrées comme priorités dans la mise en œuvre de la stratégie nationale des exportations du Burkina Faso.

Les relations avec le marché intracommunautaire ont été mises en évidence et l'analyse des conditions du cadre juridique et économique des exportations nous a permis d'établir les forces, les potentialités, les obstacles et les menaces en termes de perspective d'intégration commerciale dans l'espace de la CEDEAO en tant qu'union douanière.

Enfin, l'analyse des mécanismes de promotion des exportations de l'APEX Burkina nous a conduit à proposer de nouvelles orientations en la matière, en vue de prendre en compte les exportations des produits de l'agro-industrie tout en considérant le cas des produits agricoles primaires. Nous avons dans ce cadre analysé le cas des exportations de la mangue fraiche et du sésame.

# Chapitre IV : Résultats de la recherche

## Section I : Introduction, Evolution et changements des politiques de libre-échange commercial entre la CEE et les PTOM associés

*Une phase de transition vers la signature des conventions de Lomé avec les EAMA*

L'association des Pays et Territoires d'Outre-Mer[25] (PTOM) a été créée au moment de la signature du traité de Rome en 1957 par la volonté politique des quatre (4) pays membres de la Communauté Européenne ayant des relations particulières avec leurs colonies, dont la plupart d'entre elles se préparait pour l'accès aux indépendances. Ce groupe de quatre pays européens était composé de la France, la Belgique, l'Italie et les Pays Bas, soucieux de sauvegarder les avantages commerciaux avec leurs possessions coloniales dans le cadre de la création du marché commun européen.

Cette anticipation mettait en évidence les rivalités qui se profilaient entre les futurs membres du marché commun européen dans leurs rapports avec les ex-colonies, en cherchant à protéger leurs sources d'approvisionnement en matières premières et les marchés de produits manufacturés.

En effet, à la signature du traité de Rome, une période transitoire de cinq (5) ans avait été fixée pour mettre en œuvre des réformes dans les relations commerciales avec les PTOM, dans le cadre de l'unité d'action des pays de la CEE qui devait permettre à terme d'établir de nouveaux rapports de partenariat avec les colonies qui se préparaient à l'indépendance politique.

Allant dans ce sens, des conditions pour le libre accès au marché des PTOM pour les produits de la CEE furent fixées (CVCE, 2017) :

---

[25] Les pays et territoires d'outre-mer membres de l'association avec la CEE en 1957 sont : En Afrique occidentale française : le Sénégal, le Soudan Français, la Guinée, la Côte d'Ivoire, le Dahomey, la Mauritanie, le Niger et la haute Volta ; En Afrique équatoriale française : le Moyen Congo, l'Oubangui – Chari, le Tchad et le Gabon ; Saint Pierre et Miquelon, l'Archipel des Comores, Madagascar et dépendances, les établissements français de l'Océanie, les Terres australes et antarctiques, les territoires sous tutelles du Cameroun administrés par la France, le Congo Belge et le Ruanda-Urundi, la Somalie sous tutelle Italienne et la nouvelle Guinée néerlandaise  (Omar Ali Farah, 2015 « la convention de Yaoundé : négociations et Enjeux ».  Science et environnement 28. ISSN 2409-6245, P. 67). (http://www.scienceetenvironnement.dj. Consulté le 10/01/2020).

- Une ouverture sans discrimination des marchés d'outre-mer sous influence de la France, de la Belgique, de l'Italie et de la Hollande aux autres pays de la CEE, avec une harmonisation progressive des privilèges tarifaires et de contingentement dont bénéficient les premiers.

  Les accords prévoyaient à cet effet à terme « *la suppression des droits de douane et taxes d'effets équivalents et de tous les contingentements appliqués aux produits en provenance des PTOM sur le marché commun européen* » pour une période maximale de quinze (15) ans, tout en maintenant un régime spécial tarifaire pour certaines denrées particulières telles que la banane, le café vert, le cacao en fèves en faveur de la CEE des six.

- L'application à court terme par les PTOM du régime applicable à leur métropole pour les produits en provenance des autres pays membres de la CEE.

- Une garantie de la part des pays de la CEE à participer aux investissements d'aide au développement économique et social dans les PTOM.

On assistait ainsi à l'ouverture d'une zone commerciale plus élargie pour les produits manufacturés en faveur de chacun des pays membres de la CEE, tout en gardant les particularités entretenues avant la signature du traité pour chacun des pays membres du marché commun, ce qui lui permet de sauvegarder sa sphère d'influence en matière d'activités commerciales.

A cet égard, ce compromis offrait beaucoup plus d'opportunités à la France qui utiliserait les financements des autres pays membres pour investir dans ses colonies, qui étaient les plus nombreuses, tout en renforçant sa présence sur le plan économique et commercial.

En termes d'opportunités commerciales pour les PTOM dans l'accès au marché commun européen, on pouvait relever les avantages suivants (Deschamps, 2017) :

- Une suppression des droits de douane et des taxes d'effets équivalents et de tous les contingents, au terme d'une durée maximale de douze (12) à quinze (15) ans ; et

- Les produits du régime agricole de droit commun issus des PTOM considérés comme concurrents aux produits européens sont soumis aux tarifs douaniers et effets équivalents en vigueur sur le marché commun européen.

La mise en œuvre de cette stratégie a contribué au renforcement des exportations des matières premières agricoles tropicales non concurrentielles aux industries européennes, tout en mettant au second plan les exportations des produits concurrents et manufacturés issus des PTOM. Ainsi, on notera l'inexistence d'une stratégie d'intégration des PTOM dans la chaine de valeurs des produits d'exportation à travers le développement de l'agro-industrie :

- Dans le domaine des échanges commerciaux inter – PTOM, aucune disposition n'avait été prévue pour encourager les échanges inter-PTOM, bien que le but annoncé par les accords issus de la convention fût « *l'établissement de relations économiques étroites entre eux* » ;

- Dans le domaine de l'aide financière au développement[26], les départements français d'outre-mer faisaient partie du territoire douanier français et, à ce titre, étaient traités de façon particulière par rapport aux pays d'outre-mer, à travers des dispositions prévues dans le traité en son article 227[27]. De plus, en tenant compte de l'importance des zones d'influence coloniale de chaque pays membre de la communauté européenne, un *Fonds de Développement des PTOM (FEDOM)* destiné à l'aide financière au développement fut créé et placé sous la gestion de la commission de la CEE, qui disposait des pleines prérogatives en matière de prise de décision et d'affectation des ressources aux PTOM, réparties entre les colonies appartenant aux quatre groupes de pays (France, Belgique, Italie et Pays Bas).

Ainsi, sur un montant de 581,25 millions d'unités de compte (U.C) [28] mobilisés en cinq ans, le groupe de pays France percevait 511,25 millions U.C pour ses investissements, le groupe de pays Belgique 30 millions U.C, le groupe pays Italie 5 millions U.C et le groupe de pays Pays-Bas 35 millions U.C.

---

[26] CVCE, 2017, P7.

[27] CVCE, 2017, P7.

[28] Une unité de compte = un dollar US

En termes d'organisation, les décisions d'affectation des fonds étaient prises au sein du conseil de la CEE, à la majorité qualifiée de 67 voix sur un ensemble de 100 voix, « la France et l'Allemagne disposaient de 33 voix chacun, la Belgique, l'Italie et les Pays Bas 11 voix chacun et le Luxembourg 1 voix ».

- Dans le domaine de la liberté d'établissement des entreprises des pays membres dans les PTOM :

Les états membres maintenaient leur liberté d'établissement dans les pays et territoires membres des PTOM avec lesquels ils entretiennent des relations particulières sur le plan historique. Ce droit a été élargi pour quelques secteurs seulement en faveur des autres pays membres de la communauté. A ce niveau, on pouvait noter une certaine discrimination vis-à-vis des autres pays membres de la CEE sans héritage colonial.

**Le tableau 2 ci-après présente la synthèse des rôles des membres de l'association entre la CEE et les PTOM, les natures des règlements tarifaires et les modalités d'affectation des ressources du FEDOM au profit des PTOM.**

**Tableau 2 : Evolution des rapports commerciaux entre la CEE et les PTOM associés dans le cadre de l'accord du traité de Rome (1957-1962)**[29]

| Groupe de pays (CEE et PTOM) et organes de décision de la CEE | Objets de l'activité | Règlements et relations entre CEE et PTOM dans le cadre du traité de Rome |
|---|---|---|
| Les relations commerciales et la règlementation des échanges commerciaux au sein de l'association CEE et PTOM | | |
| France, Allemagne, Italie, Belgique, Luxembourg | Exportation de produits manufacturés | Application par les PTOM du régime applicable à leur métropole pour les produits en provenance des autres pays membres de la CEE |
| | Importation de produits agricoles tropicaux « régime marché commun » | Suppression des droits de douanes, des taxes d'effets équivalents et de tous les contingents, au terme d'une durée maximale de douze à quinze ans pour les produits des PTOM |
| | Importation de produits concurrents et produits manufacturés des PTOM | Application des tarifs douaniers et effets équivalents en vigueur sur le marché commun européen pour les produits des PTOM. |
| PTOM | Exportation de produits agricoles tropicaux « régime marché commun » | - Absence de politique commerciale autonome<br>- Suppression des droits de douanes, des taxes d'effets équivalents et de tous les contingents à l'entrée du marché commun |
| | Importation de produits manufacturés | Application par les PTOM du régime applicable à leur métropole pour les produits en provenance des autres pays membres de la CEE |
| | Exportation relations commerciales inter PTOM | Néant |
| Financement des PTOM à travers le Fonds de Développement pour les PTOM (FEDOM) et droit d'établissement des entreprises des pays membres dans les PTOM associés | | |
| Commission de la CEE | Gestion du FEDOM | Montant total du FEDOM sur 5 ans : 581,25 millions U.C |
| | Prise de décision avec les 6 membres de la CEE | Décision prise à la majorité qualifiée de 67 voix par le conseil européen |
| | Montant de contribution au FEDOM | Néant |
| France | Participation aux prises de décision au sein du conseil | 33 voix au sein du conseil européen |
| | Part des montants affectés au groupe France constitué de | 511,25 millions U.C. |

[29] Sources : Synthèse des données de rapports de mise en œuvre de l'accord issu du traité de partenariat de Rome avec les PTOM 1957-1962.

| | | |
|---|---|---|
| | PTOM | |
| | Montant de contribution au FEDOM | 200 millions U.C. |
| | Droit d'établissement des entreprises françaises dans les PTOM associés | Libre établissement dans le groupe PTOM France, et établissement dans quelques secteurs définis par l'accord de convention dans les PTOM associés des autres groupes pays membres |
| Allemagne | Participation aux prises de décision au sein du conseil | 33 voix au sein du conseil européen |
| | Pas de groupe Allemagne constitué de PTOM | Néant |
| | Montant de contribution au FEDOM | 200 millions U.C |
| | Droit d'établissement des entreprises allemandes dans les PTOM associés | Liberté d'établissement dans quelques secteurs définis par l'accord de convention dans les PTOM associés |
| Italie | Participation aux prises de décision au sein du conseil | 11 voix au sein de conseil européen |
| | Part des montants affectés au groupe Italie constitué de PTOM | 5 millions U.C |
| | Montant de contribution au FEDOM | 40 millions U.C. |
| | Droit d'établissement des entreprises italienne dans les PTOM associés | Libre établissement dans le groupe PTOM Italie, et établissement dans quelques secteurs définis par l'accord de convention dans les PTOM associés des autres groupes pays membres |
| Belgique | Participation aux prises de décision au sein du conseil | 11 voix au sein de conseil européen |
| | Part des montants affectés au groupe Belgique constitué de PTOM | 30 millions U.C. |
| | Montant de contribution au FEDOM | 70 millions U.C. |
| | Droit d'établissement des entreprises belges dans les PTOM associés | Libre établissement dans le groupe PTOM belge, et établissement dans quelques secteurs définis par l'accord de convention dans les PTOM associés des autres groupes pays membres |
| Pays Bas | Participation aux prises de décision au sein du conseil | 11 voix au sein de conseil européen |
| | Part des montants | 35 millions U.C |

| | | |
|---|---|---|
| | affectés au groupe Pays bas constitué de PTOM | |
| | Montant de contribution au FEDOM | 70 millions U.C. |
| | Droit d'établissement des entreprises des Pays Bas dans les PTOM associés | Libre établissement dans le groupe PTOM Pays Bas, et établissement dans quelques secteurs définis par l'accord de convention dans les PTOM associés des autres groupes pays membres |
| Luxembourg | Participation aux prises de décision au sein du conseil | 1 voix au sein du conseil européen |
| | Pas de groupe Luxembourg constitué des PTOM | Néant |
| | Montant de contribution au FEDOM | 1,25 million U.C |
| | Droit d'établissement des entreprises luxembourgeoises dans les PTOM associés | Liberté d'établissement dans quelques secteurs définis par l'accord de convention dans les PTOM associé |

**Commentaires du tableau 2 :**

Le tableau 2 ci-dessus montre que le partenariat commercial du traité de Rome a permis à chacun des pays membres de la CEE d'élargir et de diversifier ses sources d'approvisionnement de matières premières agricoles et son marché d'écoulement de biens manufacturés vers les PTOM associés, tout en permettant à certains de renforcer et de consolider davantage leur présence dans les colonies.

- C'est la France qui tire les plus gros avantages en termes d'opportunités commerciales, ainsi que l'Italie, la Belgique et les Pays Bas. L'Allemagne et le Luxembourg, qui ne disposent pas d'empires coloniaux, ont seulement accès aux marchés des PTOM tout en restant assujettis aux règles tarifaires et de contingentement emprunté aux autres pays pour leurs exportations vers les PTOM ;

- Les PTOM associés bénéficient de facilités d'exportation des produits tropicaux à travers la suppression des droits de douane et d'effets équivalents. Par contre, ils ne sont pas autorisés à exporter des produits similaires concurrents vers le marché commun européen, en raison des dispositions tarifaires du régime commun et agricole fixées par les accords du Traité de Rome. De même, la promotion du commerce inter - PTOM n'est pas prise en compte dans l'accord de convention du Traité ;

- En matière de politique d'aide au développement, le FEDOM constitue un instrument de financement de l'aide au développement, mais est placé sous la gestion du conseil européen et des pays membres de la communauté, qui se réservent le droit exclusif de fixer les priorités de financement et d'affection des ressources en faveur des PTOM. On notera que les quotas perçus par les PTOM « groupe France » sont les plus élevés (87,9% du total) ;

- Les accords d'association du Traité de Rome ont favorisé la construction d'une zone commerciale exclusive au profit de l'ensemble des pays membres de la CEE, dans laquelle les PTOM sont constitués en fournisseurs de produits agricoles tropicaux et en marchés d'écoulement de produits manufacturés ;

**Bien que les PTOM aient pu en tirer, dans une certaine mesure, des avantages à travers les exportations des produits primaires et les aides financières au développement, nous pouvons souligner que la mise en œuvre des accords d'association issus du Traité de Rome a surtout contribué, pour**

les pays de la CEE, à la sécurisation des sources d'approvisionnement pour satisfaire leurs besoins spécifiques en produits tropicaux de base, à travers la création du régime de « marché commun » et la protection des marchés d'exportation et d'écoulement de produits de consommation et manufacturés.

A la fin de la mise en œuvre de l'accord sur le Traité de Rome entre la CEE et les PTOM en 1962, la convention de Yaoundé I est signée en 1963 régissant de nouveaux accords commerciaux.

## Section II : Evolution et changements dans les relations commerciales entre les EAMA et la CEE dans le cadre des accords des conventions de partenariat de Yaoundé I & II

Dans cette section nous allons analyser les grandes étapes de l'évolution des relations commerciales entre les pays francophones d'Afrique et Malgache et la CEE dans le cadre de la mise en œuvre des accords issus de la convention de partenariat de Yaoundé I, signée le 20 juillet 1963, et de celle de Yaoundé II, signée le 29 juillet 1969.

### 1.1. Evolution et changements dans les relations commerciales entre les EAMA associés et la CEE dans le cadre des accords de la convention de Yaoundé I

La convention d'association entre la CEE et les EAMA associés a été signée le 20 juillet 1963 à Yaoundé au Cameroun, après l'expiration de la convention d'association entre la CEE et les PTOM en 1962. Elle est entrée en vigueur le 1er juillet 1964.

Cette nouvelle convention inaugurait les premières relations économiques et commerciales établies entre la CEE et les nouveaux Etats indépendants d'Afrique et Malgache (EAMA) en formant un bloc économique composé de dix-huit (18) Etats.

Sur le plan de la composition et de l'organisation, la CEE était constituée de six (6) pays : la Belgique, la République Fédérale d'Allemagne, la République Française, la République d'Italie, le Luxembourg et les Pays Bas. Au sein de l'Union, ils étaient représentés par « le Conseil des Communautés Européennes CCE » qui constituait également un organe autonome signataire de la nouvelle convention.

Les membres associés étaient constitués des EAMA au nombre de dix-huit (18) signataires de ladite convention. Ce sont : le royaume de Burundi, la République Fédérale du Cameroun, la République Centrafricaine, le Congo Léopoldville, la République du Congo Brazzaville, la République de Côte d'Ivoire, la République du Dahomey (actuel Benin), la République Gabonaise, la République de Haute Volta (actuel Burkina Faso), la République Malgache, la République du Mali, la République islamique de Mauritanie, la République du Niger, la République Rwandaise, la République du Sénégal, la République de Somalie, la République du Tchad et la République Togolaise (Claude Lucron, 1966, Vol 19, P 15).Si, comme nous l'avons vu, une des insuffisances majeures des accords issus du Traité de Rome fut la prise unilatérale des décisions de financement des projets d'investissement des PTOM par la CEE, dans le cadre des accords issus de la convention de Yaoundé I, le principe d'égalité entre pays membres de la CEE et ceux des EAMA est désormais reconnu. La participation de ces derniers dans diverses instances de concertation créées à cet effet fut admise, ce qui constituait un progrès dans les relations entre les deux entités, bien que la commission européenne, en tant qu'organe directeur, reste le seul organe doté de pouvoir de décision en dernier ressort.

Les accords de la convention de partenariat de Yaoundé I visaient les aspirations et les objectifs suivants[30] :
- Poursuivre la volonté de coopération mutuelle entre états membres ;
- Assurer le développement de la coopération économique, l'industrialisation des états associés, le développement des échanges interafricains et le renforcement de l'importance économique des Etats associés ;
- La coopération est à durée illimitée, mais susceptible d'adaptation dans ses modalités, avec un droit de dénonciation de la part de chaque état associé et de la communauté ;
- La nouvelle convention d'association aura une durée d'au moins cinq (5) ans.

**Le tableau 3 ci-après présente des éléments de comparaison des accords issus de l'association du traité de Rome avec les PTOM (de 1957 à 1962) et de ceux issus de la convention de Yaoundé I avec les EAMA (de 1963 à 1968).**

---

[30] Claude Lucron, 1966.

**Tableau 3 : Eléments de comparaison des accords issus de l'association du traité de Rome avec PTOM (de 1957 à 1962) et de ceux issus de la convention de Yaoundé I avec les EAMA (de 1963 à 1968)[31].**

| Groupe de pays (CEE et EAMA) et organes de décision de la CEE | Objets de partenariat | Comparaison | |
|---|---|---|---|
| | | Règlements et relations entre la CEE et les PTOM de le cadre du traité de Rome (1957-1962) | Règlements et relations entre la CEE et les EAMA dans le cadre de la convention de Yaoundé I (1963-1968) |
| **Les relations commerciales et la règlementation des échanges commerciaux au sein de l'association CEE et PTOM / EAMA** | | | |
| France, Allemagne, Italie, Belgique, Pays Bas, Luxembourg | Exportations de produits manufacturés. | - Définition de la politique commerciale par la CEE ; <br> - Application par les PTOM du régime applicable à leur métropole pour les produits en provenance des autres pays membres de la CEE. | - Désarmement progressif par les EAMA des droits de douanes et d'effets équivalents de 15% par an sur 5 ans pour les produits d'exportation de la CEE suivant le principe de non-discrimination pour l'ensemble des états membres ; <br> - Suppression progressive des restrictions quantitatives à l'importation des produits originaires des états membres de la CEE vers la EAMA sur une période de 4 ans selon le principe de réciprocité. |
| | Importation de produits agricoles tropicaux en application du « régime marché commun » européen. | Suppression des droits de douanes, des taxes d'effets équivalents et de tous les contingents, au terme d'une durée maximale de douze à quinze ans pour les produits des PTOM. | Admission en franchise de certains produits tropicaux originaires des EAMA. |
| | Importations de produits concurrents et produits manufacturés des EAMA. | Application des tarifs douaniers et effets équivalents en vigueur sur le marché commun européen pour les produits des PTOM. | - Elimination progressive des droits de douane et des taxes d'effet équivalent pour les produits homologues et concurrents. *(Malgré le principe de réciprocité accordée, la CEE conserve le droit de décider en dernier ressort du niveau de son tarif douanier commun en fonction de* |

---

[31] Sources : Synthèse des données de rapports de mise en œuvre de l'accord issu de la convention de Yaoundé I.

| | | | |
|---|---|---|---|
| | | | l'orientation de sa politique commerciale et agricole commune) ;<br>- Elimination des restrictions quantitatives aux importations des produits originaires des EAMA. |
| EAMA | Exportation de produits agricoles tropicaux « régime marché commun » | - Absence de possibilité de définir la politique commerciale non autorisée par la CEE ;<br>- Suppression des droits de douanes et des taxes d'effets équivalents et de tous les contingents à l'entrée du marché commun. | Principaux produits tropicaux admis en franchise : *Ananas, noix de coco (pulpe déshydratée), café (non torréfié, non décaféiné), thé (autre que présent en emballage immédiat d'un contenu de 3 kg et moins), poivre (du genre Piper, non broyé, non moulu), vanille, girofle (antofle, clous et griffe), noix muscade (non broyées ni moulues, autres que destinées à la fabrication industrielle d'huiles essentielles ou de résinoïde), cacao (en fèves et brisures de fèves, brut ou torréfié)* (Institut Egmont, 5 février 1964, Annexe de la convention de Yaoundé 1, doc 5, P3) |
| | Exportation de produits similaires et concurrents vers la CEE | - | - Elimination progressive des droits de douane et taxes d'effet équivalent pour les produits homologues et concurrents. *(Malgré le principe de réciprocité accordée, la CEE conserve le droit de décider en dernier ressort du niveau de son tarif douanier commun en fonction de l'orientation de sa politique commerciale et agricole commune) ;*<br>- Elimination des restrictions quantitatives aux importations des produits originaires des EAMA vers la CEE. |
| | Importation de produits manufacturés. | Application par les PTOM du régime applicable à leur métropole pour les produits en provenance des autres pays membres de la CEE. | - Désarmement progressif par les EAMA des droits de douane et d'effets équivalents de 15% par an sur 5 ans pour les produits d'exportation de la CEE selon le principe de non-discrimination pour l'ensemble des états membres ;<br>- Suppression progressive des restrictions quantitatives à l'importation des produits originaires des états membres de la |

| | | | |
|---|---|---|---|
| | | | CEE sur une période de 4 ans selon le principe de réciprocité. |
| | Relations inter – EAMA et internationales. | Absence de politique commerciale d'intégration et d'échanges commerciaux inter-PTOM. | Les relations interafricaines et internationales ne sont pas définies dans la convention, cependant, la convention indique la possibilité pour les EAMA de définir librement leurs rapports interafricains à condition qu'ils ne soient pas incompatibles avec les principes et les dispositions de la convention. |

**Financement des EAMA à travers le Fonds de Développement Européen (FED) et droit d'établissement des entreprises des pays membres dans les EAMA associés**

| | | | |
|---|---|---|---|
| Commission de la CEE | Gestion du FEDOM / FED. | Montant total du FEDOM sur 5 ans (1957-1962) : 581,25 millions U.C. | - Montant total du FED sur 5 ans (1963-1968) : 730 millions U.C. (500 millions U.C. pour les investissements économiques et sociaux ; 230 millions U.C. pour les aides à la production et à la diversification) ;<br>- Aides non remboursables de la communauté : 620 millions U.C. y compris le coût de l'assistance technique[32]<br>- Prêts à des conditions spéciales : 46 millions U.C. ;<br>- Prêts des banques européennes : 64 millions U.C au taux de 3% maximum. |
| | Prise de décision avec les 6 membres de la CEE pour le financement de l'aide communautaire aux PTOM / EAMA. | - Décisions prises par la commission européenne à la majorité qualifiée de 67 voix. | - Décision prise à la majorité qualifiée de 67 voix par le comité du FED ;<br>- Conditions d'éligibilité des EAMA au fonds d'aide à la production et à la diversification : obligation de présenter un plan quinquennal de développement ;<br>- Conditions d'éligibilité des EAMA au fonds d'investissements économiques et sociaux : obligation de présenter un projet spécial d'investissement ; |

---

[32] Dans le protocole n°5, article 4, paragraphe 2 de la convention, l'assistance technique liée aux investissements est financée par les aides non remboursables et comprend : la programmation, les études spéciales et régionales de développement, les études techniques et économiques nécessaires à la mise au point des projets d'investissements déterminés ou d'un ensemble d'équipements, la prise en charge temporaire des techniciens et de biens de consommations nécessaires à la bonne exécution d'un projet d'investissement.

| | | | |
|---|---|---|---|
| | | | - Mode de financement des aides à la production, à la diversification et pour les investissements économiques et sociaux : aides non remboursables et prêts aux conditions spéciales ;<br>- Assistance technique : financement par l'aide non remboursable ;<br>- Prévalence des règles de la commission européenne dans la sélection des plans quinquennaux et des projets bénéficiaires et les méthodologies de mise en œuvre ;<br>- Prévalence des pouvoirs de décision de la commission et du comité de représentants de gouvernement des six pays[33] pour le financement des aides au développement |
| | Montant de contribution au FEDOM / FED | Néant | Néant |
| France | Participation aux prises de décision au sein du conseil | 33 voix au sein du conseil européen | 33 voix au sein du comité du FED |
| | Part des montants affectés au groupe France constitué de PTOM | 511,25 millions U.C. | |
| | Montant de contribution au FEDOM / FED | 200 millions U.C. | 246,5 millions U.C |
| | Droit d'établissement des entreprises française dans les PTOM associés | Libre établissement dans le groupe PTOM France, et établissement dans quelques secteurs définis par l'accord de convention dans les PTOM associés des autres groupes de pays membres | Liberté d'établissement des entreprises françaises dans les EAMA associés avec les mêmes droits de réciprocité pour les entreprises des EAMA sur le sol français[34] |
| Allemagne | Participation aux prises de décision au sein du conseil | 33 voix au sein du conseil européen | 33 voix au sein du comité de FED |

[33] Cet ensemble constitue le comité du FED.

[34] Convention de Yaoundé 1, art 29

| | | | |
|---|---|---|---|
| | Part des montants affectés à l'Allemagne | Néant (pas de groupe PTOM Allemagne) | |
| | Montant de contribution au FEDOM / FED | 200 millions U.C | 246,5 millions U.C |
| | Droit d'établissement des entreprises allemandes dans les PTOM associés | Liberté d'établissement dans quelques secteurs définis par l'accord de convention dans les PTOM associés | Liberté d'établissement des entreprises allemandes dans les EAMA associés avec les mêmes droits de réciprocité pour les entreprises des EAMA sur le sol allemand |
| Italie | Participation aux prises de décision au sein du conseil | 11 voix au sein de conseil européen | 14 voix au sein du comité du FED |
| | Part des montants affectés au groupe Italie constitué de PTOM | 5 millions U.C | |
| | Montant de contribution au FEDOM / FED | 40 millions U.C. | 100 millions U.C. |
| | Droit d'établissement des entreprises italiennes dans les PTOM associés | Libre établissement dans le groupe PTOM Italie, et établissement dans quelques secteurs définis par l'accord de convention dans les PTOM associés des autres groupes de pays membres | Liberté d'établissement des entreprises italiennes dans les EAMA associés avec les mêmes droits de réciprocité pour les entreprises des EAMA sur le sol Italien |
| Belgique | Participation aux prises de décision au sein du conseil | 11 voix au sein de conseil européen | 10 voix au sein du comité du FED |
| | Part des montants affectés au groupe Belgique constitué de PTOM | 30 millions U.C. | |
| | Montant de contribution au FEDOM / FED | 70 millions U.C. | 69 millions U.C. |
| | Droit d'établissement des entreprises belges dans les PTOM associés | Libre établissement dans le groupe PTOM belge, et établissement dans quelques secteurs définis par l'accord de convention dans les | Liberté d'établissement des entreprises belges dans les EAMA associés avec les mêmes droits de réciprocité pour les entreprises des EAMA sur le sol belge |

| | | | |
|---|---|---|---|
| | | PTOM associés des autres groupes de pays membres | |
| Pays Bas | Participation aux prises de décision au sein du conseil | 11 voix au sein de conseil européen | 9 voix au sein du comité du FED |
| | Part des montants affectés au groupe Pays bas constitué de PTOM | 35 millions U.C | |
| | Montant de contribution au FEDOM / FED | 70 millions U.C. | 66 millions U.C. |
| | Droit d'établissement des entreprises des Pays Bas dans les PTOM associés | Libre établissement dans le groupe PTOM Pays Bas, et établissement dans quelques secteurs définis par l'accord de convention dans les PTOM associé des autres groupes pays membres | Liberté d'établissement des entreprises pays bas dans les EAMA associés avec les mêmes droits de réciprocités pour les entreprises des EAMA sur le sol des pays bas. |
| Luxembourg | Montant de contribution au FEDOM | 1,25 million U.C | |
| | Participation aux prises de décision au sein du conseils | 1 voix au sein du conseil européen | 1 voix au sein du comité du FED |
| | Part des montants affectés au Luxembourg | Néant (pas de groupe PTOM Luxembourg) | 2 millions U.C |
| | Droit d'établissement des entreprises luxembourgeoises dans les PTOM associés | Liberté d'établissement dans quelques secteurs définis par l'accord de convention dans les PTOM associés | Liberté d'établissement des entreprises luxembourgeoises dans les EAMA associés avec les mêmes droits de réciprocité pour les entreprises des EAMA sur le sol luxembourgeois |

**Commentaires du tableau 3 :**

- *Par rapport à l'application des droits de porte en matière d'importation et d'exportation des produits agricoles tropicaux :*

La convention de Yaoundé I introduit des changements dans les relations commerciales entre la CEE et les EAMA associés, par rapport à celles appliquées aux PTOM dans le cadre du Traité de Rome de 1957. On peut souligner les changements suivants :

o L'instauration du principe de réciprocité dans l'application des droits de douane induit par un mécanisme de désarmement tarifaire graduel pour les produits similaires et concurrents originaires des EAMA exportés vers la CEE ;

o La suppression quantitative des restrictions des produits originaires de la communauté à l'importation par les EAMA à l'horizon de quatre (4) ans sur la durée de la convention et réciproquement ;

o L'admission en franchise d'une liste restreinte de certains produits tropicaux originaires des EAMA sur le marché de la communauté.

Toutefois, malgré le principe de réciprocité décidé entre les deux groupes de pays, la CEE conservait le droit de décider en dernier ressort du niveau de tarif douanier commun en fonction de l'orientation de sa politique commerciale et agricole commune.

- *Par rapport au financement des aides au développement pour les EAMA associés et du droit d'établissement dans les zones économiques :*

o Les discriminations appliquées dans le cadre du traité de 1957 pour les groupes de pays sont levées et tous les pays membres des EAMA bénéficient, sur le même pied d'égalité, de l'aide au financement à condition que le pays bénéficiaire présente un plan quinquennal de développement éligible au FED ;

o Cette période augure l'aire des plans quinquennaux de développement avec l'accompagnement de l'assistance technique européenne, dont les paiements seront assurés par le fonds destiné à l'aide au financement accordé dans le cadre du FED ;

o En outre, on assiste à une augmentation des montants alloués au FED pour le financement de l'aide au développement en faveur des EAMA, financement qui combine plusieurs approches à savoir : des subventions, des prêts à long terme à taux d'intérêt bonifié et des facilités de trésorerie. Ceci représente une innovation dans le rapport entre les pays européens et constitue la période de début de l'endettement public des économies de EAMA nouvellement indépendants ;

o Malgré le principe d'égalité et d'indépendance adopté dans les rapports entre les pays européens et les EAMA associés membres de l'association, la commission européenne conservera toujours le pouvoir de décision final dans le cadre du financement des plans quinquennaux au sein du conseil de l'association composé de la commission européenne, du conseil européen et des représentants des pays membres des EAMA ;

o En outre, dans l'échiquier des parties prenantes aux décisions de financement de l'aide au développement, on constate de fait une position dominante de la France et de l'Allemagne au sein de la commission européenne, puisqu'elles disposent chacune de 33% des voix, alors que les quatre (4) autres pays membres (Belgique, Italie, Pays bas et Luxembourg) sont relégués au second rang avec un total de 34% des voix ;

o Le droit d'établissement connait un changement majeur avec l'instauration sans discrimination de la liberté d'établissement des entreprises originaires de la CEE dans les EAMA associés, avec les mêmes droits de réciprocité pour les entreprises des EAMA sur le sol européen. Toutefois, il n'est pas tenu compte des différences de stades de développement entre les économies européennes industrialisées et celles sous-développées des EAMA qui ne disposent pas encore ni de grandes entreprises ni de secteurs privés forts.

**Les accords issus de la convention de partenariat de Yaoundé I ont permis d'opérer un renforcement du cadre réglementaire des droits d'entrée des marchandises entre les deux zones et d'augmenter le montant des allocations financières dédiées au financement de l'aide publique au développement par la commission européenne. Cependant, ces apports n'ont pas permis de jeter les bases solides d'une transformation structurelle des économies des EAMA. Au contraire, les mécanismes mis en place afin de promouvoir les échanges commerciaux ont, de par leur nature même,**

accentué la dépendance de ces pays. Le financement de l'aide au développement étant également orienté vers le développement des secteurs porteurs de production de rente, avec le désarmement tarifaire adopté sur une base de réciprocité entre la communauté européenne et les EAMA, les inégalités au niveau des termes de l'échange devenaient croissantes, en raison de l'écart de niveau de développement entre les deux groupes de pays. De plus, les mécanismes de financement de l'aide au développement du FED, gérés par la commission européenne, apparaissaient comme des outils de contrôle par la CEE des politiques de développement dans l'espace économique des EAMA, sans pour autant assumer la responsabilité de l'endettement et des échecs dans la mise en œuvre des plans quinquennaux de développement.

### 1.2. Evolution et changements dans les relations commerciales entre les EAMA et la CEE dans le cadre des accords de la convention de Yaoundé II

La convention de Yaoundé II a été signée le 29 juillet 1969 « *entre les parties contractantes au Traité instituant la CEE en 1957, le Conseil des Communautés Européennes et 18 Etats Africains et Malgache associés (EAMA)* » (Lucron, 1969). Cette convention faisait suite à la convention de Yaoundé I expirée le 31 mai 1969.

En effet, au 1er juillet 1968[35], la CEE achevait la mise en place du tarif douanier commun dans l'espace communautaire. La convention de Yaoundé II, dans le cadre du libre-échange avec les EAMA associés, prenait en compte ces nouvelles dispositions règlementaires.

Toutefois, il ressort de l'analyse comparative des conventions de Yaoundé I et II, présentée dans le tableau 4 ci-après, que la convention de Yaoundé II a été une continuité de la convention de Yaoundé I, en ce qu'elle prend en compte les acquis de cette dernière. Les mêmes objectifs fondamentaux sont poursuivis dans le domaine des relations commerciales, avec quelques nouveautés : (i) L'objectif de financement de l'industrialisation des EAMA qui fut inscrit dans la nouvelle convention ; (ii)La décision de remplacer progressivement des subventions accordées au EAMA par des prêts dans le cadre de l'aide au financement des programmes de développement ; et (iii) L'alignement des prix

---

[35] Claude Lucron, volume 22, Chronique de politique étrangère, 1969, P17

des matières premières aux prix mondiaux qui sont en général moins élevés, entrainant de ce fait des manques à gagner pour les EAMA.

En effet, la convention de Yaoundé II stipulait, dans le cadre de la coopération financière avec les EAMA, que : « *les moyens d'action du Fonds Européen d'investissement sont fixés à 828 millions de dollars de compte disponibles pour une période limitée au 31 janvier 1975 avec une faible part des aides non remboursables de 80 millions de dollars de compte. …..et désormais, l'aide au financement est utilisée sous forme de prêts à des conditions spéciales, de formation de capitaux à risque et de prise de participation* » (C. Lucron, 1969). Les montants alloués au financement des investissements, avec un délai d'exécution inférieur à la durée de mise en œuvre de la convention, se trouvait être en rupture avec le système de financement de la première convention. Comme souligné à propos de la convention de Yaoundé I, nous pouvons relever que la convention de Yaoundé II ne met pas non plus l'accent sur le développement des relations commerciales inter – EAMA. Toutes choses qui laissent percevoir que les exportations des EAMA vers la CEE restent exclusivement au service du renforcement des capacités du marché commun européen en construction et accentuent la dépendance commerciale des EAMA vis-à-vis de celui-ci.

**Le tableau 4 ci-après présente des éléments de comparaison des accords issus de la convention de Yaoundé I et de ceux de la convention de Yaoundé II.**

**Tableau 4 : Eléments de comparaison des accords de la convention de Yaoundé I de ceux de Yaoundé II[36]**

| Groupe de pays (CEE et EAMA) et organes de décision de la CEE | Objets des actions | Règlements et relations entre la CEE et les EAMA dans la convention de Yaoundé I (1963-1968) | Règlements et relations entre la CEE et les EAMA dans la convention de Yaoundé II |
|---|---|---|---|
| Les relations commerciales et la règlementation des échanges commerciaux au sein de l'association CEE et EAMA | | | |
| France, Allemagne, Italie, Belgique, Pays Bas, Luxembourg | Exportation de produits manufacturés vers les EAMA | - Désarmement progressif par les EAMA des droits de douane et d'effets équivalents de 15% par an sur 5 ans pour les produits d'exportation de la CEE suivant le principe de non-discrimination pour l'ensemble des états membres.<br>- Suppression progressive des restrictions quantitatives à l'importation des produits originaires des états membres de la CEE sur une période de 4 ans selon le principe de réciprocité. | - Le maintien à titre exceptionnel des droits de douane, taxes et effets équivalents par les Etats associés à l'égard des produits de la CEE pour des nécessités de financement du développement.<br>- Les produits de la CEE sont soumis par les EAMA à la clause de la nation la plus favorisée. Tout avantage consenti à un pays tiers quelconque en matière tarifaire, contingentaire ou autre qui irait plus loin que l'avantage accordé à la CEE en application de la convention, devrait être étendu à la CEE. |
| | Importation de produits agricoles tropicaux « régime marché commun » en provenance des EAMA | Admission en franchise de certains produits tropicaux originaires des EAMA. | Affaiblissement des préférences tarifaires des produits tropicaux pour les Etats associés du fait d'une diminution du tarif extérieur commun applicable aux pays tiers (noix de coco, thé, poivre, cannelle, gingembre etc.) par la CEE |
| | Importation de produits concurrents et produits manufacturés en provenance des EAMA | - Elimination progressive des droits de douane et taxes d'effets équivalents pour les produits homologués et concurrents. *(Malgré le principe de réciprocité* | Absence d'application de la clause de la nation la plus favorisée pour les produits des EAMA. A l'inverse, la clause de la nation la plus favorisée est appliquée par les EAMA pour les produits en provenance de la |

[36] Sources : Synthèse des données de rapports de mise en œuvre de l'accord issu de la convention de Yaoundé II.

| | | | |
|---|---|---|---|
| | | *accordée, la CEE conserve le droit de décider en dernier ressort du niveau de son tarif douanier commun en fonction de l'orientation de sa politique commerciale et agricole commune).*<br>- Elimination des restrictions quantitatives aux importations originaires des EAMA. | CEE sur la même période. |
| EAMA | Exportation de produits agricoles tropicaux « régime marché commun » | - Principaux produits tropicaux admis en franchise : *Ananas, noix de coco (pulpe déshydratée), café (non torréfié, non décaféiné), thé (autre que présent en emballage immédiat d'un contenu de 3 kg et moins), poivre (du genre Piper, non broyé, non moulu), vanille, girofle (antofle, clous et griffe), noix muscades (non broyé ni moulu, autres que destinée à la fabrication industrielle d'huiles essentielles ou de résinoïde, cacao (en fèves et brisures de fèves, brut ou torréfié)* (Institut Egmont, 5 février 2064, Annexe de la convention de Yaoundé 1, doc 5, P3) | Affaiblissement des préférences tarifaires des produits tropicaux pour les Etats associés du fait d'une diminution du tarif extérieur commun applicable aux pays tiers (noix de coco, thé, poivre, cannelle, gingembre etc.) appliqué par la CEE |
| | Exportation de produits homologués et concurrents vers la CEE | - Elimination progressive des droits de douane et taxes d'effets équivalents pour les produits homologués et concurrents. *(Malgré le principe de réciprocité accordée, la CEE conserve le droit de décider en dernier ressort du niveau de son tarif douanier commun en fonction de l'orientation de sa* | Absence d'application de la clause de la nation la plus favorisée pour les produits des EAMA. A l'inverse, la clause de la nation la plus favorisée est appliquée par les EAMA aux produits en provenance de la CEE sur la même période. |

| | | | |
|---|---|---|---|
| | | politique commerciale et agricole commune). - Elimination des restrictions quantitatives aux importations des produits originaires des EAMA. | |
| | Importation de produits manufacturés | - Désarmement progressif par les EAMA des droits de douane et d'effets équivalents de 15% par an sur 5 ans pour les produits d'exportation de la CEE selon le principe de non-discrimination pour l'ensemble des Etats membres. - Suppression progressive des restrictions quantitatives à l'importation des produits originaires des Etats membres de la CEE sur une période de 4 ans selon le principe de réciprocité. | Les produits de la CEE sont soumis par les EAMA à la clause de la nation la plus favorisée. Tout avantage consenti à un pays tiers quelconque en matière tarifaire, contingentaire ou autre qui irait plus loin que l'avantage accordé à la CEE en application de la convention, devrait être étendu à la CEE. |
| | Rapports commerciaux entre les EAMA | Les rapports commerciaux entre les EAMA ne sont pas définis dans la convention ; cependant, la convention indique la possibilité pour les EAMA de définir librement leurs rapports interafricains à condition qu'ils ne soient pas incompatibles aux principes et aux dispositions de la convention. | La convention ne traite pas des rapports commerciaux entre EAMA, mais autorise chaque Etat associé à maintenir ou établir des unions douanières ou des zones de libre-échange avec un ou plusieurs pays tiers à niveau de développement comparable, si toutefois cela n'entrave pas le bon fonctionnement de l'association. |

**Financement des EAMA à travers le Fonds de Développement Européen (FED) et droit d'établissement des entreprises des pays membres dans les EAMA associés**

| | | | |
|---|---|---|---|
| Commission de la CEE et les contributions du FED | Gestion du FED | - Montant total du FED sur 5 ans (1963-1968) : 730 millions U.C. (500 millions U.C. pour les investissements économiques et sociaux ; 230 millions U.C. pour les aides à la production et à la diversification). - Aides non remboursables de la communauté : 620 millions | *Troisième FED* - Augmentation du montant total du FED à 918 millions de dollars U.C disponible pour une période limitée au 31 janvier 1975. - Dont 828 millions de dollars U.C de contribution par les Etats membres de la CEE versés au FED et répartis comme suit : 748 millions de dollars U.C affectés sous |

| | | | |
|---|---|---|---|
| | | U.C. y compris le coût de l'assistance technique<br>- Prêts à des conditions spéciales : 46 millions U.C.<br>- Prêts des banques européennes : 64 millions U.C au taux de 3% maximum. | forme d'aides non remboursables et 80 millions de dollars U.C qui seront affectés sous forme de prêts à des conditions spéciales et de contribution à des formations de capitaux à risques.<br>- 90 millions de dollars U.C par la banque européenne d'investissement sous forme de prêts aux Etats associés dont le gap sur les bonifications de taux d'intérêts est imputé sur les fonds de subvention depuis le 1er juin 1964.<br>- Les financements accordés intègrent les besoins de renforcement des exportations des produits agricoles de base et du développement de l'industrie pour les EAMA et les PTOM[37]<br>- Suppression des subventions pour soutenir les prix depuis le 1er mars 1969 et alignement sur les prix mondiaux des matières premières. |
| | Prise de décision avec les 6 membres de la CEE pour le financement de l'aide communautaire aux EAMA | - Les décisions sont prises à la majorité qualifiée de 67 voix par le comité du FED<br>- Condition d'éligibilités des EAMA au fonds d'aide à la production et à la diversification : obligation de présenter un plan quinquennal de développement<br>- La condition d'éligibilité des EAMA au fonds d'investissements économiques et sociaux est l'obligation de présenter | L'attribution des aides relève des compétences de la commission de la communauté et du comité du FED. |

[37] Dans l'ensemble, les financements du 1er, 2ème et 3ème FED sont répartis entre les EAMA et les PTOM (Claude Lucron, 1969 « convention de Yaoundé II, P 38-39).

| | | | |
|---|---|---|---|
| | | un projet spécial d'investissement.<br>- Les aides non remboursables et prêts aux conditions spéciales constituent essentiellement les moyens de financement de la production et des investissements économiques et sociaux.<br>- L'assistance technique est intégrée au financement des aides non remboursables<br>- L'existence de la prévalence des règles de la commission européenne dans la sélection des plans quinquennaux et des projets bénéficiaires et des méthodologies de mise en œuvre.<br>- L'existence de la prévalence des pouvoirs de décision de la commission et du comité de représentants des gouvernements des six pays[38] pour le financement des aides au développement | |
| France | Participation aux prises de décision au sein du conseil | 33 voix au sein du comité du FED | |
| | Montant de contribution au FED | 246,5 millions U.C | 33,17 % soit 274,6476 millions de dollars U.C |
| | Droit d'établissement des entreprises françaises dans les EAMA | Liberté d'établissement des entreprises françaises dans les EAMA associés avec les mêmes droits de réciprocité pour les entreprises des EAMA sur le sol français[39] | Liberté d'établissement dans les EAMA associés avec les mêmes droits de réciprocité pour les entreprises des EAMA mais en application du principe de réciprocité négative[40] |

---

[38] Cet ensemble constitue le comité du FED.

[39] Convention de Yaoundé 1, art 29.

[40] Les EAMA n'ont pas fixé de règles de restriction pour le droit d'établissement des ressortissants et des sociétés de la communauté, sauf des possibilités de suspension

| | | | |
|---|---|---|---|
| **Allemagne** | Participation aux prises de décision au sein du conseil | 33 voix au sein du comité de FED | |
| | Montant de contribution au FED | 246,5 millions U.C | 33,17 % soit 274,6476 millions de dollars U.C |
| | Droit d'établissement des entreprises allemandes dans les EAMA | Liberté d'établissement des entreprises allemandes dans les EAMA associés avec les mêmes droits de réciprocité pour les entreprises des EAMA sur le sol allemand | Liberté d'établissement dans les EAMA associés avec les mêmes droits de réciprocité pour les entreprises des EAMA mais en application du principe de réciprocité négative |
| **Italie** | Participation aux prises de décision au sein du conseil | 14 voix au sein du comité du FED | |
| | Montant de contribution au FED | 100 millions U.C. | 15,62% soit 129,3336 millions de dollars U.C |
| | Droit d'établissement des entreprises italiennes dans les EAMA | Liberté d'établissement des entreprises italiennes dans les EAMA associés avec les mêmes droits de réciprocité pour les entreprises des EAMA sur le sol Italien | Liberté d'établissement dans les EAMA associés avec les mêmes droits de réciprocité pour les entreprises des EAMA mais en application du principe de réciprocité négative |
| **Belgique** | Participation aux prises de décision au sein du conseil | 10 voix au sein du comité du FED | |
| | Montant de contribution au FED | 69 millions U.C. | 8,89% soit 73,6092 millions de dollars U.C |
| | Droit d'établissement des entreprises belges dans les EAMA | Liberté d'établissement des entreprises belges dans les EAMA associés avec les mêmes droits de réciprocité pour les entreprises des EAMA sur le sol belge | Liberté d'établissement dans les EAMA associés avec les mêmes droits de réciprocité pour les entreprises des EAMA mais en application du principe de réciprocité négative |
| **Pays Bas** | Participation aux prises de décision au sein du conseil | 9 voix au sein du comité du FED | |
| | Montant de contribution au FED | 66 millions U.C. | 8,89% soit 73,6092 millions de dollars U.C |
| | Droit d'établissement des entreprises | Liberté d'établissement des entreprises des Pays Bas dans les EAMA associés avec les | Liberté d'établissement dans les EAMA associés avec les mêmes droits de réciprocité pour les |

temporaire pour une activité ou une période donnée afin de donner une priorité à l'établissement de leurs propres ressortissants dans des conditions particulières (Claude Lucron, 1969 « convention de Yaoundé II, P 61).

| | | | |
|---|---|---|---|
| | des Pays Bas dans les EAMA | mêmes droits de réciprocité pour les entreprises des EAMA sur le sol des Pays Bas. | entreprises des EAMA mais en application du principe de réciprocité négative |
| Luxembourg | Participation aux prises de décision au sein du conseil | 1 voix au sein du comité du FED | |
| | Montant de contribution au FED | 2 millions U.C | 0,26% soit 2,1528 millions de dollars U.C |
| | Droit d'établissement des entreprises luxembourgeoises dans les EAMA | Liberté d'établissement des entreprises luxembourgeoises dans les EAMA associés avec les mêmes droits de réciprocité pour les entreprises des EAMA sur le sol luxembourgeois | Liberté d'établissement dans les EAMA associés avec les mêmes droits de réciprocité pour les entreprises des EAMA mais en application du principe de réciprocité négative |

**Commentaires du tableau 4 :**

La convention de Yaoundé II a subi des évolutions et des changements mineurs par rapport à la convention de Yaoundé I en matière de politique de libre-échange commercial entre les pays de la CEE et les EAMA.

- *Par rapport aux droits tarifaires de porte en matière d'importation et d'exportation des produits agricoles tropicaux, nous pouvons souligner :*

  o La réintroduction à titre exceptionnel des droits de douanes et effets équivalents par les Etats associés à l'égard des produits en provenance de la CEE afin de permettre à ces derniers de mobiliser des ressources en vue du financement de leur développement ;

  o La soumission des produits exportés par la CEE vers les EAMA à la clause de la nation la plus favorisée. Tout avantage consenti à un autre pays tiers à travers le monde en matière tarifaire, contingentaire ou autre qui irait au-delà de l'avantage accordé à la CEE en application de la convention, devrait être étendu à la CEE ;

  o La non-application cependant de la clause de la nation la plus favorisée pour les produits des EAMA exportés vers la CEE ;

  o L'affaiblissement de l'incidence des préférences tarifaires des produits tropicaux pour les Etats associés du fait d'une diminution du tarif extérieur commun applicable aux autres pays tiers à travers le monde, autres que les EAMA, par la CEE pour certains produits (noix de coco, thé, poivre, cannelle, gingembre etc.) ;

  o La convention ne traite pas des rapports commerciaux inter - EAMA, mais autorise chaque Etat associé à maintenir ou établir des unions douanières ou des zones de libre-échange avec un ou plusieurs pays tiers à niveau de développement comparable, si toutefois cela n'entrave pas le bon fonctionnement de l'association.

- *Par rapport au financement des aides au développement et du droit d'établissement dans les EAMA, nous pouvons souligner :*

  o L'augmentation du montant total du FED à 918 millions de dollars U.C disponibles pour une période limitée au 31 janvier 1975 ; dont un montant de 828 millions de dollars U.C de contribution par les Etats membres de la CEE est versé au FED et réparti comme suit : 748 millions de dollars U.C affectés sous forme d'aides non remboursables ; 80 millions de dollars U.C affectés sous forme de prêts à de conditions spéciales et de contribution à la formation de capitaux à risques ; 90 millions de dollars U.C affectés par la Banque Européenne d'Investissement (BEI) sous forme de prêts aux Etats associés, dont le gap sur les bonifications de taux d'intérêt est imputé sur les fonds de subvention. Ces financements accordés prenaient en compte le renforcement des capacités pour les exportations des EAMA et du développement industriel.

o La suppression des subventions pour soutenir les prix depuis le 1er mars 1969 et l'alignement sur les prix mondiaux des matières premières exportés par les EAMA.

## Section III. Evolution et changements dans les relations commerciales entre les pays ACP et la CEE dans le cadre des accords des conventions de partenariat de Lomé (Lomé I, II, III & IV)

La signature de la première convention de Lomé I a eu lieu en 1975 pour une durée de cinq (5) ans (1975-1980). Elle a été suivie par la signature de la convention de Lomé II (1980-1985), Lomé III (1985-1990) et Lomé IV (1990-1995), avec une disposition transitoire entre 1995 et 2000 avant la signature des accords de Cotonou en 2000.

Les conventions de Lomé I, II, III & IV remplaçaient désormais les dispositions des conventions de Yaoundé I & II qui avaient jeté les bases des politiques de libre-échange commercial entre les EAMA et la CEE. Elles ont été signées dans le cadre du regroupement des pays des ACP et de la CEE dont les nombres ont considérablement augmenté de part et d'autre.

En effet, avec l'adhésion de la Grande Bretagne[41] à la CEE, une des exigences qui a prévalu à son intégration fut la prise en compte des ex-colonies britanniques situées dans les régions Afrique, Caraïbes et Pacifique (ACP). Le groupe des pays ACP associés devient le principal partenaire de la CEE. Quarante-six (46) pays deviendront membres du groupe des pays ACP alors que le nombre des pays membres de la CEE passe à neuf (9)[42].

---

[41] Selon Stéphane Halleux (2008), la Grande Bretagne, en adhérant à la CEE le 1er janvier 1973, cherchait à intégrer le régime de préférence commercial spécifique de la communauté des ACP-CEE qui lui offrirait la possibilité d'élargir son aide bilatérale à certaines de ses ex-colonies principalement pour promouvoir le secteur banane et sucre dont elle était demandeuse.

[42] Les neuf (9) pays membres de la CEE à la signature de la convention de Lomé I sont : la Belgique, le Danemark (nouveau pays adhérant), l'Allemagne, la France, l'Irlande (nouveau pays adhérent), l'Italie, le Luxembourg, les Pays Bas et la Grande Bretagne.

Les conventions de Lomé sont considérées comme le nouveau cadre institutionnel de renforcement du partenariat commercial entre la CEE et les ACP qui forment un groupe d'ex-colonies indépendantes (Halleux, 2008).

Dans les sections suivantes, nous allons analyser des principaux changements apportés dans les orientations des politiques commerciales à travers les accords de partenariat de Lomé.

## 1.1. Evolution et changements dans les relations commerciales entre les pays ACP et la CEE dans le cadre des accords de la convention de Lomé I

Le titre I de la convention de Lomé I (28 février 1975) traite des accords commerciaux et les changements qui y sont apportés, en vue de corriger les déséquilibres observés dans les conventions de Yaoundé, sont résumés ci-après[43] :

- La suppression des droits de douane et de taxes d'effets équivalents de réciprocité dans les échanges commerciaux entre les ACP et la CEE : « *les produits de base originaires des ACP sont admis à l'importation dans la CEE exempts des droits de douane, de taxe et effets équivalents, sans que le traitement réservé à ces produits puisse être plus favorable que celui que les Etats de la CEE s'accordent entre eux* » ; c'est-à-dire dépendant exclusivement des normes établies au sein de la CEE selon la politique agricole commune. Les produits agroalimentaires d'origine industrielle des ACP sont exclus de ce dispositif et seuls les produits agricoles tropicaux sont concernés par cette disposition ;

- Pour les autres types de produits non-inscrits dans la liste des produits bénéficiant des exonérations des droits de douane, de taxes et effets équivalents, les avantages accordés à ces produits sont soumis à l'appréciation de chaque pays importateur de la CEE. Le régime général applicable aux mêmes produits des autres pays-tiers hors ACP, bénéficiant de la clause de la nation la plus favorisée, n'est pas forcement appliqué aux ACP. En revanche, les pays ACP ne sont pas obligés d'accorder aux pays de la CEE un régime moins favorable autre que celui de la nation la plus

---

43 CVCE, 28/02/1975. « La convention ACP - CEE de Lomé », art 1er, P 12.

favorisée, même si cette dernière clause ne s'exerce pas obligatoirement dans le cadre de la convention de Lomé I[44] ;

-   La mise en place de mécanismes de financement des agro-industries en faveur des pays ACP et de mécanismes conjoints de promotion commerciale des produits des deux groupes de pays sur le marché commun et dans les pays ACP, la création d'un conseil d'entreprises et de la coopération industrielle[45] ;

-   La création d'un système de stabilisation des recettes d'exportation afin de garantir les risques liés à la fluctuation des prix et des quantités de certains produits d'exportation dont dépendent les économies des pays ACP[46]. Pour les produits d'origine agricole, ce sont : « *l'arachide, le cacao et le café, le coton, le coco, le palmier et le palmiste, la banane fraiche, le thé et le sisal brut* ». Sur ce plan, Il conviendrait de remarquer que l'option de la création du système de stabilisation des recettes d'exportation pour certains produits stratégiques pour les économies des pays ACP a conduit à la polarisation des investissements agricoles vers ses filières qui étaient plus protégées que les autres filières agricoles ;

-   La création d'un fonds d'un montant de 375 millions U.C affecté au financement du système de stabilisation des recettes et directement géré par la commission européenne en vue de couvrir l'ensemble des engagements pour une durée de 5 ans. Les pays ACP peuvent bénéficier des fonds de stabilisation des recettes selon le déficit réalisé par rapport à une valeur de référence fixée d'un commun accord entre les deux partie (CEE - pays ACP).

**Au regard des changements opérés dans le cadre des accords de la convention de Lomé I, nous pouvons déduire que les options ont été portées sur la consolidation des exportations des pays ACP de produits agricoles primaires vers le marché commun européen, en privilégiant un certain nombre de produits stratégiques pour les économies locales sans pour**

---

[44] CVCE, 28/02/1975. « La convention ACP - CEE de Lomé », art 7, §b, P 15.

[45] CVCE, 28/02/1975 « La convention ACP - CEE de Lomé ». Art 31 – 36, P 24 – 26.

[46] « *Les pays ACP bénéficiaires du système de stabilisation des recettes d'exportations sont : (1) Bahamas, (2) Barbade, (3) Botswana, (4) Burundi, (5) Dahomey, (6) Ethiopie, (7) Fidji, (8) Gambie, (9) Grenade, (10) Guinée, (11) Guinée Bissau, (12) Guinée équatoriale, (13) Haute Volta, (14) Ile Maurice, (15) Jamaïque, (16) Lesotho, (17) Madagascar, (18) Malawi, (19) Mali, (20) Mauritanie, (21) Niger, (22) Ouganda, (23) République Centrafricaine, (24) Rwanda, (25) Samoa Occidentale, (26) Somalie, (27) Soudan, (28) Swaziland, (29) Tanzanie, (30) Tchad, (31) Togo, (32) Tonga, (33) Trinité et Tobago, (34) Zambie* » (CVCE, 1975 ; P 22)

autant donner une priorité à leur transformation par l'agro-industrie qui aurait pu intégrer ces filières dans sa stratégie.

## 1.2. Evolution et changements dans les relations commerciales entre les pays ACP et la CEE dans le cadre des accords de la convention de Lomé II

La convention de Lomé II, signée le 30 octobre 1979, fut également une réforme de la convention de Lomé I du 28 février 1975, mais elle n'a pas changé fondamentalement les termes de la coopération commerciale entre les pays signataires. Nous pouvons tout de même relever les innovations suivantes :

- La convention prévoit aussi bien pour la CEE que pour les pays ACP la possibilité d'ouverture de relations similaires que celles inscrites dans la convention avec des pays tiers dans le monde, chaque partie devant en informer l'autre partie au préalable et prendre des dispositions qui n'affectent pas la qualité des engagements inscrits dans la convention pour les « *produits originaires concernés* » (CVCE, 1979).

**Encadré 2 : le changement dans les rapports entre la CEE et les ACP**

*Cette disposition permet à la CEE de bénéficier d'un avantage comparatif en établissant de nouvelles relations de coopération commerciale avec les Etats tiers hors pays ACP, eu égard à leur position de suprématie sur le plan du commerce mondial. Autrement dit, les privilèges accordés aux pays ACP deviennent théoriques, ce qui les place dans le marché mondial concurrentiel qu'ils ne sont pas suffisamment préparés à affronter.*

- Les pays ACP n'exercent aucune discrimination vis-à-vis des états membres de la CEE pour les « *produits d'importation* ». Cependant, ils sont tenus d'appliquer à leur endroit la clause de la nation la plus favorisée dans le cadre de leurs importations (CVCE, La 2ème convention ACP - CEE de Lomé, 1979). A l'inverse, la clause de la nation la plus favorisée n'est pas appliquée entre Etats ACP ou entre un Etat ACP et plusieurs Etats ACP.

**Encadré 3 : une absence d'incitation pour l'intégration du commerce entre les pays ACP**

*Ces dispositions, en même temps qu'elles alignent les pays ACP sur le système du commerce international en faveur de la CEE, ne les incitent pas à diversifier le partenariat commercial autre que celui établi avec la CEE pour les mêmes*

> *produits importés. Elles limitent de fait les conditions favorables à l'intégration commerciale entre Etats ACP pour les « produits originaires ».*

- Sur le plan de la promotion commerciale, la CEE reste le principal acteur qui couvre l'ensemble des activités de promotion. Ce sont :
  o La mise en place et/ou l'amélioration des structures et des entreprises d'exportation ;
  o La formation et le renforcement des capacités des acteurs de la chaine de valeur des produits d'exportation indiqués ;
  o La politique produit et des prix (la recherche, la transformation, la garantie, le contrôle qualité, le conditionnement, la présentation, la publicité etc.) ;
  o La mise à disposition des infrastructures et des moyens logistiques de transport et de stockage ;
  o La réalisation et l'exploitation des études de marché ;
  o La collecte et l'exploitation des informations commerciales ;
  o L'organisation des expositions et des foires commerciales ;
  o L'assistance technique aux petites et moyennes entreprises (CVCE, La 2ème convention ACP - CEE de lomé , 1979).

**On peut remarquer à ce niveau que l'approche de la promotion commerciale est essentiellement organisée et mise en œuvre par la CEE pour le compte des états ACP. Ceci laisse entrevoir la faible marge de manœuvre quant à la possibilité pour les ACP de rechercher d'autres débouchés commerciaux que ceux vers le marché communautaire. Par conséquent la stratégie de promotion commerciale accentuait encore la forte dépendance commerciale des pays ACP par rapport au marché communautaire européen pour les « *produits originaires* » et les autres catégories de produits.**

### 1.3. Evolution et changements dans les relations commerciales entre les pays ACP et la CEE dans le cadre des accords de la convention de Lomé III

La convention de Lomé III fut signée le 8 décembre 1984 dans la capitale togolaise entre dix (10) états membres de la CEE et 65 pays des ACP (Bruxelles, 1984).

Dans le domaine du partenariat commercial et des autres services, on peut noter des changements qui commencent à prendre en compte la question fondamentale de l'intégration des pays africains dans la chaine de valeur des produits inscrits dans le paquet des conventions commerciales. La convention de Lomé III stipule que « *les parties contractantes mettent en œuvre des actions pour le développement du commerce et des services, du stade de la conception au stade final de la conception des produits* » c'est-à-dire que les pays ACP disposaient de la latitude de mettre en valeur les produits identifiés et d'exporter des produits finis ou semi-finis.

Cette orientation des accords de Lomé III constituait donc une avancée majeure dans la coopération commerciale entre les ACP et la CEE par rapport aux prétendantes conventions (Yaoundé I & II et Lomé I & II). En termes d'innovation, la convention de Lomé III exprimait la volonté de mettre l'accent sur le développement du commerce Intra – ACP et les échanges commerciaux avec la CEE pour les pays ACP. Les innovations les plus significatives pour les AP étaient les suivantes :

- Les produits originaires des états ACP admis à l'importation dans le marché commun européen font l'objet d'exonération des droits de douane, de taxes et effets équivalents, lorsqu'ils font l'objet d'une organisation commune de marché ou lorsqu'ils font l'objet d'une règlementation spécifique introduite liée à la mise en œuvre de la politique agricole commune[47]. De ce fait les pays ACP peuvent promouvoir les échanges commerciaux entre eux ;

- Cependant, malgré ces dispositions qui prennent en compte les intérêts des marchés interconnectés des pays ACP, la CEE se réserve le droit de conclure les mêmes types de relations commerciales avec des pays tiers (hors pays ACP), ce qui implique qu'en l'absence d'avantages comparatifs, les états ACP ne peuvent pas profiter des opportunités offertes dans le cadre la convention.

**En conclusion, la convention de 1984 ainsi que les conventions antérieures, n'impriment pas de changements fondamentaux en termes de politique commerciale en faveur des produits agricoles originaires des états ACP. Au regard des possibilités que la CEE offre à des pays-tiers (hors pays ACP) pour conclure les mêmes types de régimes préférentiels, on peut souligner que ces conventions (Lomé I, II & III, au même titre que celles de Yaoundé**

---

[47] On note une souplesse dans l'application des exonérations en faveur des produits des états ACP en préconisant la possibilité pour un état ACP de formuler en cours de processus de nouvelles demandes dans le but d'introduire des listes de nouveaux produits agricoles ou de produits agricoles justifiés (art 130, § 2, alinéa 5 & 6).

**I & II) participent plus à la sécurisation des sources d'approvisionnement en matières premières des pays membres de la CEE, plutôt qu'à l'intégration des états ACP dans la chaine de valeur mondiale.**

## 1.4. Evolution et changements dans les relations commerciales entre les pays ACP et la CEE dans le cadre des accords de la convention de Lomé IV

La convention de Lomé IV, qui fut signée le 15 décembre 1989 entre la CEE et 69 pays ACP, entra en vigueur en 1990 et prit fin le 29 février 2000, soit une durée 10 ans.

Cette convention sera beaucoup plus orientée, pour les Etats ACP, vers le renforcement et l'amélioration de l'efficacité des politiques d'ajustement structurel et, en ce qui concerne le secteur agricole et commercial, vers le développement de l'agro-industrie. En effet, on constate que la volonté existe pour la valorisation sur place des produits agricoles dans les pays ACP, d'une part par la transformation, la commercialisation, la distribution et d'autre part, par le développement du secteur privé.

**Encadré 4 : des résultats mitigés dans la mise en œuvre des accords de partenariat commerciale**

Au-delà des schémas qui justifiaient l'existence d'un cadre de coopération d'égal à égal, l'analyse de Daniel Bach (Bach, 1993) montre toutefois que la convention de Lomé IV a été appliquée a minima tout comme les autres conventions (Lomé I, II & III , Yaoundé I & II). En effet, au fur et à mesure que le contexte géopolitique évoluait dans le monde, les ACP constituaient une variable d'ajustement des économies de la communauté européenne où les différentes conventions jouaient le rôle de contre-poids, pour permettre aux économies européennes de faire face à la concurrence internationale.

Une illustration de cet état de fait se trouve en 1973 lorsque, avec le choc pétrolier, la communauté européenne se retourna plus vers les pays ACP à la recherche d'autres débouchés. Mais après la chûte du mur de Berlin, qui marqua la fin d'un monde bipolaire, la communauté européenne commença à se désintéresser du developpement de ces pays et mis en place des moyens de contigentement à l'accès à l'aide au developpement, par d'autres critères d'éligibilité que sont : le respect des principes de démocratie, le respect des droits humains, etc. La communauté européenne opta alors pour une intégration économique avec l'Afrique du Nord et une coopération économique renforcée avec l'afrique du Sud, toutes choses qui anéantissaient les acquis économiques du reste des pays ACP.

## 1.5. Eclatement du système préférentiel des tarifs et fin des régimes préférentiels accordés aux pays ACP

L'évolution du commerce mondial dans le cadre de l'Organisation Mondiale du Commerce (OMC) a conduit de nombreux pays à remettre en cause le système préférentiel de tarifs entre les pays ACP et l'UE[48], en exigeant que les dispositions de l'OMC sur les systèmes préférentiels généralisés des tarifs soient appliquées. Selon H.M. Catherine et M. Thierry *(2004),* d'autres pays réclamaient l'application du régime de libre-échange de l'OMC aux pays ACP par l'UE (particulièrement les groupes de pays de l'Amérique latine) et l'annulation du système préférentiel discriminatoire sur le plan tarifaire en leur faveur. En adoptant ce point de vue, l'UE a pris la résolution, dans le cadre de ses rapports économiques avec les ACP, de séparer sa politique de coopération au développement de sa politique commerciale et d'investissement, cette dernière devant désormais s'aligner sur le principe du libre-échange défini par l'OMC.

La CEE a été rebaptisée Union Européenne (UE) en 1993, ainsi, l'accord de Cotonou conclu au Bénin en 2000 entre 77 pays ACP et l'UE a fixé des objectifs pour les 20 prochaines années et prévoyait de mettre en place un cadre nouveau au niveau des échanges commerciaux et des investissements entre les deux entités, dans le cadre d'Accords de Partenariat Economique (APE). L'Annexe V de l'accord de Cotonou, comprenant le Protocole relatif à la définition de la notion de "produits originaires" et aux méthodes de coopération administrative, a expiré le 31 Décembre 2007[49].

---

[48] https://european-union.europa.eu/principles-countries-history/key-facts-and-figures/structure_fr#

[49] CE, fiscalité et union douanière, https://ec.europa.eu/taxation_custom consulté le 18/02/2021

Dans cette logique, le régime tarifaire préférentiel accordé aux pays ACP fut remplacé par les nouveaux accords commerciaux issus des APE pour les régions et les pays ACP signataires ; à défaut l'UE se réservait le droit d'appliquer le Système Généralisé de Préférence (SGP) pour les pays ACP non signataires des APE après le 1er janvier 2008 (C.E, JO du 16/11/2007).

**L'année 2008 marqua ainsi un tournant majeur dans les relations commerciales entre les ACP et les pays de l'UE. En conséquence, les ACP perdaient l'avantage commercial comparatif à l'exportation de leurs produits vers le marché communautaire européen ; ils seront désormais ouverts au marché mondial et contraints de faire face à la concurrence internationale, sans réelle préparation de leurs capacités industrielles.**

### 1.6. Intégration des pays ACP dans le régime unique du libre-échange de l'OMC

Avec les accords de Cotonou intervenus en 2000, la divergence de position observée entre l'UE et le reste des pays membres de l'OMC, non bénéficiaires des avantages accordés par l'UE aux ACP, prit fin avec l'instauration de la nouvelle politique commerciale. L'UE rejoignait ainsi le point de vue du groupe des pays avec à leur tête les USA qui préconisent le commerce fondé sur : « *la garantie de la loyauté des échanges reposant sur la légalité de l'ensemble des acteurs au libre accès au marché international et sur le principe juridique que les Etats doivent tous être soumis à des règles identiques* ».

Bien que devenu incompatible avec les accords de libre-échange de l'OMC, plusieurs auteurs[50] soulignaient que le besoin de changement des rapports d'échanges commerciaux entre les ACP et l'UE, sous la conduite unilatérale de cette dernière, s'expliquait par le bilan économique insuffisant des ACP dans la compétition internationale dans le cadre de la mise en œuvre des différentes conventions (Yaoundé I, II et Lomé I, II, III et IV)[51]. En outre, l'adoption du

---

[50] C'est le point de vue de Cyril Yoda (Cyril Yoda, 2019 « *Thèse : les enjeux de l'accord de partenariat économique (APE) entre l'UE et les pays ACP : implication pour l'Afrique de l'Ouest et le Burkina Faso* » Université de Strasbourg, P. 94.

[51] Sur ce point, Fatimata Zahra Niang (IUEG, 2008, P 13) en faisant le bilan des accords de Lomé, soulignait « *l'absence de compétitivité des producteurs ACP, la mauvaise qualité de l'offre commerciale des produits industriels, l'absence de conquête de nouveaux marchés des produits agricoles, une réduction considérable des importations des produits primaires par l'UE au profit des productions à haute valeur ajoutée, et surtout l'abaissement généralisé et continuel des droits de douane du fait de la libéralisation des échanges et des exigences du commerce multilatéral, toutes choses qui rendaient superflu le régime des Préférences commerciales en faveur des ACP et avantageux pour l'UE* ».

régime de libre-échange pour tous apportait une solution aux distorsions de la politique commerciale à deux vitesses vis-à-vis des pays du sud et facilitait, en même temps, le rapprochement commercial entre ceux-ci et les pays du continent latino-américain qui disposent d'une offre commerciale plus compétitive.

L'accord de Cotonou constituait donc le point de départ d'une nouvelle phase de collaboration entre les ACP et l'UE qui marquera un début de changement avec l'instauration des APE considérés comme le nouveau cadre d'intégration des ACP dans le commerce international après 2007. L'accord de Cotonou est donc une phase de transition vers la signature des APE.

De plus, afin de tenir compte des schémas d'intégration économique régionale particulière de l'Union Africaine, il fut donné une place importante aux organisations sous régionales, telle que la CEDEAO en Afrique de l'Ouest, dans la conduite des négociations des APE (Cyril Yoda, 2019 ; P.94 – 95).

## 1.7. Accords de partenariat économique et ouverture du marché de l'Afrique de l'Ouest

Dans le cadre de la signature des APE, la nécessité ressortait de mettre en place une zone de libre-échange entre les pays membres de la CEDEAO et de l'UE afin de promouvoir les échanges commerciaux. Ainsi, les dispositions mises en place permettaient aux pays membres de la CEDEAO de bénéficier de franchises totales pour leurs exportations vers l'UE et, en retour, la CEDEAO consentait, au regard du faible niveau de développement de ces pays, à réaliser une ouverture partielle de son marché en réduisant le TEC vis-à-vis des produits des pays de l'UE.

Ainsi fut créé en 2010 le dispositif d'accès au marché de l'Afrique de l'Ouest intitulé « OFFRE DE PARTENARIAT COMMERCIAL POUR LE DEVELOPPEMENT » avec pour objectifs :

- D'établir une asymétrie dans les engagements en faveur des pays de l'Afrique de l'Ouest pour tenir compte des différences de niveau de développement ;

- Et d'impulser de façon effective le développement dans la région.

Un désarmement tarifaire progressif fut adopté pour une durée de 25 ans, à compter de la date de signature de cet accord en 2010, et devrait donc s'achever en 2035. Au cours de cette période, les pays de l'Afrique de l'Ouest devront combler leur retard en termes de niveau de compétitivité. L'ouverture du marché communautaire fut fixée à 66,4%, ce qui réduit les revenus fiscaux des pays de la CEDEAO. De plus, les effets et impacts induits par cette ouverture du marché peuvent également réduire le niveau d'efficacité de la politique du marché commun.

**La figure 2 ci-après indique les tendances de l'évolution des exportations de la CEDEAO entre 2020 et 2022.**

**Figure 2 : Commerce intracommunautaire de la CEDEAO et exportation de la CEDEAO vers le reste du monde en milliers US$ de 2020 à 2022 (Groupe de produits : produits agricoles, agroalimentaires et dérivés)**

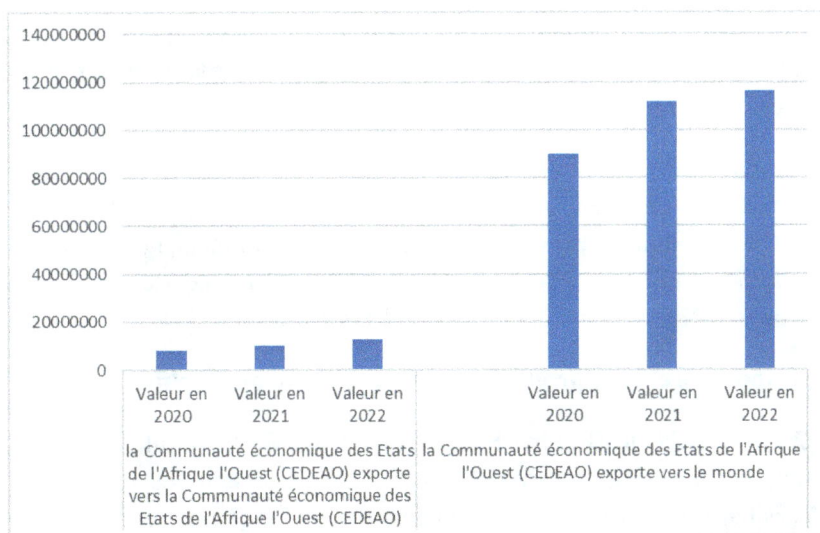

Source : https://www.trademap.org/Bilateral_TS.aspx, consulté le 17/02/2023

**Commentaire de la figure 2 :**

La figure 2 indique que la valeur des échanges intracommunautaires de produits agricoles, agro-alimentaires et dérivés dans la CEDEAO est inférieure à 20 milliards de Dollars US et évolue moins rapidement que les exportations de ce groupe de produits vers le reste du monde. La valeur des échanges avec le reste du monde est nettement plus élevée et s'accroît de 80 milliards de Dollars US en 2020 à 120 milliards de Dollars US en 2022, ce qui indique que, malgré la mise en œuvre de l'union douanière, le niveau des échanges reste faible au sein de la CEDEAO et que le marché mondial constitue le principal débouché pour ces pays.

## Section IV : Politique d'intégration commerciale du Burkina Faso dans le schéma des produits d'exportation dans le contexte de son évolution historique

Depuis son accession à l'indépendance en 1960, le Burkina Faso a continué ses exportations vers marché européen, particulièrement de coton, mais au fil des ans, afin d'augmenter ses ressources financières, il a diversifié sa production et ses produits d'exportation. Ainsi, entre 2013 et 2022, le coton occupe toujours la 1ère place des produits agricoles exportés, suivi de la noix de cajou (2ème place), du sésame (3ème place), de la mangue fraiche (4ème place).

Dans cette section IV, nous allons donc passer en revue les différentes étapes historiques, depuis l'accession du pays à l'indépendance, de l'encadrement de la chaine de valeur de la filière cotonnière dans le cadre des rapports commerciaux avec la CEE puis l'UE, qui ont créé les conditions d'exportation sur le marché international.

Puis dans la section V, nous allons analyser les facteurs d'intégration et les mécanismes de promotion des exportations dans l'espace de la CEDEAO, pour les nouveaux produits d'exportation prioritaires, notamment la mangue fraîche et le sésame, dans le schéma de la Stratégie Nationale de promotion des Exportations (SNE) mise en œuvre par l'APEX Burkina.

### 1.1. Importance de la production du coton fibre au Burkina Faso

Entre 2020 et 2021, le Burkina Faso comptait 333 780 exploitants producteurs de coton, regroupés au sein de 9 786 sociétés coopératives de producteurs, contrôlées par trois (3) principales grandes sociétés de commercialisation actives sur le marché international. Ces sociétés, la SOFITEX, la FASO COTON et la SOCOMA, disposent de dix-neuf (19) usines d'égrenage pour la production de coton fibre. La production totale sur la même période était estimée par le Ministère du Commerce, de l'Industrie et de l'Artisanat (MCIA) à 515 000 tonnes de coton graine[52] pour une production totale de coton fibre de 223 358 tonnes après transformation. Environ 95% du coton fibre est exporté vers le marché international, une infime quantité étant transformée par les industries locales.

---

[52] MCIA 2019, « 78ème assemblée plénière du comité consultatif international du coton (CCIC) », rapport du Burkina Faso, Brisbane du 02 au 05 décembre 2019, P 2-3.

Les figures 3 et 4 ci-après présentent la carte des zones de production et l'évolution des superficies cultivées, de la production et des rendements entre 2010 – 2020.

**Figure 3 : Carte des zones de production du coton graine au Burkina par société de commercialisation**

Source : MCIA Burkina, Novembre 2019

**Figure 4 : Evolution de la superficie emblavée, de la production de coton fibre et du rendement moyen à l'hectare de 2010 à 2020**

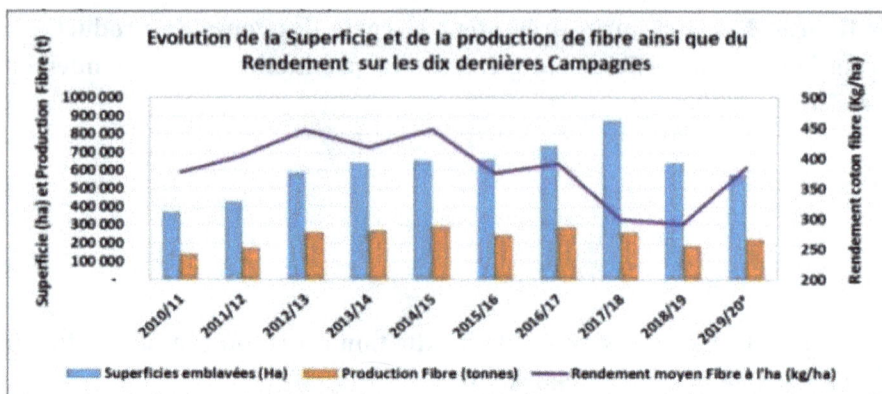

Source : MCIA Burkina, Novembre 2019

Sur le plan de la qualité, le Burkina Faso a pris des dispositions pour assurer une offre de coton fibre de qualité sur le marché international.

**Le tableau 5 ci-après indique les types de grades de coton fibre commercialisé sur le marché international.**

Tableau 5 : **Types de grade de coton fibre commercialisé par le Burkina Faso sur le marché international**

| Qualités | | DENOMINATION DES GRADES | COTONS GAMME BLANCHE | DENOMINATION DES GRADES | COTONS GAMME CREMEE |
|---|---|---|---|---|---|
| **TYPES DE TETE** | Types SUPER | BOBY / S | Coton blanc, brillant, rares impuretés, préparation bonne | BOLA / S | Coton crémé, brillant, rares impuretés, préparation bonne |
| | | BOBY | Coton blanc, moins brillant, présence de quelques feuilles, préparation bonne ou moyenne | BOLA | Coton crémé, moins brillant, présence de quelques feuilles, préparation bonne ou moyenne |
| **TYPES MOYENS** | | TOMA | Coton blanc à légèrement terne, présence de feuilles, préparation moyenne | RUDY | Coton crémé, quelques taches, présence de feuilles, préparation moyenne |
| | | VOTA | Coton blanc-terne à légèrement grisâtre, nettement plus feuillé que TOMA, préparation moyenne | VIVA | Coton plus crémé, plus de feuilles que RUDY, taché, préparation moyenne |
| **TYPES DE QUEUE** | | BUFA | Coton grisâtre ou de couleur bigarré, plus de feuilles que VOTA, avec préparation | BABU | Coton plus coloré et terne que VIVA, plus de feuilles, avec préparation |
| | | BOBO/3 | Coton terne de couleur bigarré, beaucoup de feuilles, avec préparation. | BOBO/4 | Coton fortement teinté jaune, très chargé, avec préparation |

**TYPES DE VENTE USUELS DU COTON BURKINABE** — **PAR RAPPORT A LA CLASSE OU GRADE (Couleur, charge et préparation)**

Source : MCIA Burkina, Novembre 2019.

**Commentaires du tableau 5 :**

Le tableau 5 indique que la classification détermine trois catégories de coton fibre, en fonction de critères de qualité (couleur, présence d'impuretés, niveau de préparation), qui sont :

- Le coton de 1$^{ère}$ qualité : le BOBY/S et le BOLA/S (types « super »), le BOBY et le BOLA (types « de tête ») ;
- Le coton de 2$^{ème}$ qualité : le TOMA, le VOTA, le RUDY et le VIVA (types « moyens ») ;
- Le coton de 3$^{ème}$ qualité : le BUFA, le BOBO/3, le BABU et le BOBO/4 (types « de queue »).

## 1.2. Produits issus de la transformation du coton et dérivés au Burkina Faso

L'étude de la chaine de valeur de la filière cotonnière permet de comprendre l'orientation des politiques commerciales des produits agricoles d'exportation du Burkina Faso. En effet, plusieurs études ont permis de mettre en évidence l'efficacité de la stratégie de promotion commerciale du coton, depuis l'histoire coloniale du pays jusqu'à la période actuelle, en indiquant les processus de mise en valeur des différents segments. Par analogie, l'étude de la chaine de valeur de la filière cotonnière permettra de cerner davantage le profil de la chaine de valeur de l'agriculture commerciale de manière générale et ses insuffisances.

Partant de cette hypothèse, nous allons nous aligner, pour conduire notre analyse, sur l'approche de la théorie de Michael E. Porter[53] selon laquelle « *la préservation d'un avantage concurrentiel dépend de trois conditions qui sont : le contrôle et la préservation de la source de l'avantage, l'application d'une politique d'investissement et des efforts soutenus de perfectionnement et de modernisation* ».

Dans son approche, Michael E. Porter évoque trois principes qui soutiennent le développement de la chaine de valeur d'un produit commercial dans le processus de mise en marché :

- Le contrôle des sources de l'avantage concurrentiel implique la possession de technologie particulière, d'une force de vente soutenue et d'une relation avec une clientèle fidélisée. Ce point de vue corrobore la théorie de la disponibilité de l'offre de biens de I.B. Kravis qui met en avant « *la nécessité d'assurer un apport technologique et de couvrir les stades de transformation pour un*

---

[53] Michael E. Porter 1990 « L'avantage concurrentiel des nations » Inter Éditions 1993, p 54 – p 55.

*produit comme condition pour pouvoir tirer un maximum de valeur ajoutée »* ;

- L'application d'une politique d'investissement soutenue dans les moyens matériels de production, la formation, la recherche & développement et la commercialisation, permettant d'adapter l'offre commerciale à la demande sur le marché ;

- Le développement d'efforts soutenus dans le perfectionnement et la modernisation afin d'accroitre sa compétitivité et d'être en avance sur ces concurrents.

Dans une stratégie de différentiation, les industries de transformation produisent des produits de consommation de catégories différentes à partir d'une matière première de base. Dans le cas du coton fibre, les industries obtiennent différents produits dérivés présentés dans le tableau 6 ci-après, selon la nomenclature du Système Harmonisé (SH) de désignation et de codification des marchandises, sachant que le code 52 regroupe les produits dérivés obtenus à partir du coton fibre selon les différents stades de transformation.

**Tableau 6 : Produits dérivés du coton selon les stades de transformation industrielle du système harmonisé à 4 chiffres**

| Codes du SH à 4 chiffres | Stades de transformation (produits dérivés de graines de coton) |
|---|---|
| 5201 | Coton non cardé, ni peigné |
| 5202 | Déchets de coton (y compris les déchets de fils et les effilochés) |
| 5203 | Coton cardé ou peigné |
| 5204 | Fil à coudre du coton, même conditionné pour la vente au détail |
| 5205 | Fils de coton (autres que les fils à coudre) contenant au moins 85% en poids de coton, non conditionnés pour la vente au détail |
| 5206 | Fils de coton (autres que les fil à coudre), contenant moins de 85% en poids de coton, non conditionné pour la vente au détail |
| 5207 | Fils de coton (autres que les fils à coudre) conditionnés pour la vente au détail |
| 5208 | Tissu de coton contenant au moins 85% en poids de coton, d'un poids n'excédant pas 200 g/m² |
| 5209 | Tissu de coton contenant au moins 85% en poids de coton d'un poids excédant 200 g/m² |
| 5210 | Tissu de coton contenant moins de 85% en poids de coton, |

| | |
|---|---|
| | mélangé principalement ou uniquement avec des fibres synthétiques ou artificielles d'un poids n'excédant pas 200 g/m² |
| 5211 | Tissu de coton contenant moins de 85% en poids de coton, mélangé principalement ou uniquement avec des fibres synthétiques ou artificielles d'un poids excédant 200 g/m² |
| 5212 | Autres tissus de coton |

Sources : Listes de code (https://www.trademap.org/) et position du Burkina (Association Interprofessionnelle du Coton du Burkina 2008, « note d'information sur la filière coton du Burkina », secrétariat général, 2008).

**Commentaire du tableau 6 :**

Le tableau 6 indique que la nomenclature du SH à 4 chiffres propose douze (12) codes pour les différentes catégories de produits dérivés issus de la transformation du coton fibre, chaque catégorie correspondant à un niveau donné de développement de la chaine de valeur ajoutée.

Au regard de la nature des produits de transformation du coton graine indiquée dans cette classification, nous pouvons en déduire que le Burkina Faso ne tire pas suffisamment de valeur ajoutée dans son système de production cotonnière.

En effet, le tableau 8 ci-après montre que la part du coton non cardé ni peigné représente plus de 98% du volume total des exportations du coton fibre produit au Burkina Faso. Ceci indique l'absence de transformation dans la chaine de valeur industrielle de ce produit et traduit la faiblesse du niveau de développement de ce secteur de l'industrie.

**Un des paradoxes du coton burkinabè est la quasi-absence de l'industrie de transformation textile, alors que le pays est classé leader dans la production et l'exportation du coton fibre depuis plusieurs décennies.**

**Tableau 7 : Evolution des exportations de produits du coton et dérivés par le Burkina Faso de 2010 -2019 (code 52, Quantités exportées en tonnes et %)**

| Code | Libellé produit | 2010 | 2011 | 2012 | 2013 | 2014 | 2015 | 2016 | 2017 | 2018 | 2019 |
|---|---|---|---|---|---|---|---|---|---|---|---|
| Total | Quantités | 167444 | 163085 | 186522 | 292583 | 289599 | 259172 | 329562 | 249223 | 200194 | 220032 |
| | | 100% | 100% | 100% | 100% | 100% | 100% | 100% | 100% | 100% | 100% |
| 5201 | Coton, non-cardé ni peigné | 164415 | 158793 | 185213 | 288193 | 287017 | 248377 | 306873 | 225922 | 197687 | 218401 |
| | | 98% | 97% | 99% | 98% | 99% | 96% | 93% | 91% | 99% | 99% |
| 5205 | Fils de coton (autres que les fils à coudre), contenant >= 85% en poids de coton, non conditionnés ... | 1786 | 1535 | 720 | 967 | 687 | 1895 | 1746 | 2223 | 2214 | 1534 |
| | | 1% | 1% | 0% | 0% | 0% | 1% | 1% | 1% | 1% | 1% |
| 5202 | Déchets de coton, y.c. les déchets de fils et les effilochés | 526 | 2480 | 469 | 2660 | 593 | 154 | 523 | 734 | 85 | 92 |
| | | 0% | 2% | 0% | 1% | 0% | 0% | 0% | 0% | 0% | 0% |
| 5203 | Coton, cardé ou peigné | 672 | 253 | 100 | 483 | 758 | 8475 | 20000 | 20001 | 34 | 3 |
| | | 0% | 0% | 0% | 0% | 0% | 3% | 6% | 8% | 0% | 0% |
| 5209 | Tissus de coton, contenant >= 85% en poids de coton, d'un poids > 200 g/m² | / | 1 | / | / | / | 2 | 0 | 1 | 1 | 1 |
| | | / | 0% | | | | 0% | 0% | 0% | 0% | 0% |
| 5212 | Tissus de coton, contenant en prédominance, mais < 85% en poids de coton, autres que mélangés ... | / | / | 19 | 0 | / | / | / | / | / | 1 |
| | | | | 0% | 0% | | | | | | |
| 5210 | Tissus de coton, contenant en prédominance, mais < 85% en poids de coton, mélangés principalement ... | / | / | / | / | / | 0 | 0 | 1 | 16 | 0 |
| | | | | | | | 0% | 0% | 0% | 0% | 0% |
| 5211 | Tissus de coton, contenant en prédominance, mais < 85% en poids de coton, mélangés principalement ... | 1 | 6 | / | / | / | / | / | / | | 0 |
| | | 0% | 0% | | | | | | | | |
| 5204 | Fils à coudre de coton, même conditionnés pour la vente au détail | / | / | / | / | / | 260 | 420 | 300 | / | / |
| | | | | | | | 0% | 0% | 0% | | |
| 5206 | Fils de coton, contenant en prédominance, mais < 85% en poids de coton (sauf les fils à coudre ... | / | / | / | 280 | 477 | / | / | 32 | 111 | / |
| | | | | | 0% | 0% | | | 0% | 0% | |
| 5207 | Fils de coton conditionnés pour la vente au détail (sauf les fils à coudre) | / | 17 | / | / | / | / | / | / | 45 | / |
| | | | 0% | | | | | | | 0% | |
| 5208 | Tissus de coton, contenant >= 85% en poids de coton, d'un poids <= 200 g/m² | 44 | | 1 | 0 | 67 | 9 | | 9 | 1 | |
| | | 0% | | 0% | 0% | 0% | 0% | | 0% | 0% | |

Sources : Calculs du CCI sur la base des statistiques de UN COMTRADE jusqu'à janvier 2007. Calculs du CCI sur la base des statistiques de Direction Générale des Douanes depuis janvier 2007.

**Commentaires du tableau 7 :**

Le tableau 7 indique que, sur la période de 2010 à 2019, la principale offre de produit de coton à l'exportation du Burkina Faso est le coton non-cardé ni peigné (position 5201 du SH) qui représente suivant les années de 91% à 99% des tonnages exportés du pays. Les autres produits restent très négligeables dans l'ensemble des quantités exportées, le principal produit à ce niveau étant le coton cardé ou peigné (position 5203 du SH) qui représente de 3% à 8% des tonnages exportés entre 2015 et 2017.

## 1.3. Histoire du développement des jalons de la chaine de valeur cotonnière au Burkina Faso

### 1.3.1. Pénétration et expérimentation des jardins d'essais du coton à but économique dans la colonie de Haute Volta[54] (1895-1919)

La période de 1895 à -1919 marque la politique française de diversification de ses sources d'approvisionnement face à la domination des USA sur le marché international, qui n'hésitaient pas à imposer des prix spéculatifs aux industriels français. Sous l'impulsion de l'Association Cotonnière Coloniale française (ACC), un choix est porté sur le développement de la culture cotonnière dans les colonies françaises, afin d'assurer une autosuffisance pour les industries du textile françaises en utilisant la main d'œuvre bon marché par le travail forcé[55]. La région de l'empire colonial qui deviendra par la suite la colonie de Haute-Volta, créée en 1919, fut choisie parmi tant d'autres comme zone d'expérimentation de variétés performantes[56].

**Le tableau 8 ci-après présente la chaine de valeur de la phase de pénétration et d'expérimentation des variétés du coton commercial de l'ère coloniale de 1895 à 1919.**

---

[54] Actuel Burkina Faso.

[55] L'ACC créée le 14 janvier 1903 représente le syndicat général de l'industrie cotonnière et participe à la politique d'expansion des cultures du coton dans l'empire colonial français de l'Afrique noire (A. Schwartz, 1993, P4).

[56] La colonie de Haute-Volta, avant sa création, relevait de la colonie des hauts Sénégal et Niger à laquelle le territoire était rattaché (A. Schwartz, 1993).

**Tableau 8 : Chaine valeur de la phase de pénétration et d'expérimentation des variétés du coton commercial de l'ère coloniale 1895-1919 (jardin d'essais du coton à but économique)**

| Chaine de valeur du coton | Acteurs contrôlant la chaine de valeur du coton produit au Burkina Faso | | Observations |
|---|---|---|---|
| | *Sociétés étrangères (françaises et autres)* | *Colonie de Haute Volta et entreprises locales* | |
| Production et transformation : Coton graine, coton non cardé ni peigné et autres types de produits | Néant | Néant | Néant | A cette période, le coton était un produit de consommation traditionnel de la population locale et exporté vers les contrées voisines (notamment vers la *Gold Coast* actuel Ghana) |
| Commercialisation et vente des produits dérivés du coton | Néant | Néant | Néant | |
| Transports et logistique | Néant | Néant | Néant | Dominance d'un système traditionnel de transformation artisanale du coton graine et de transport artisanal |
| Développement technologique | Création de stations expérimentales de coton dans les colonies des hauts Sénégal – Niger. Création de jardins d'essais à Bobo Dioulasso actuelle 2e ville de Burkina Faso. | Administration coloniale et Association cotonnière coloniale (ACC) | Néant | La recherche variétale était assurée par les centres de recherche coloniale dans un but de développement des filières commerciales au profit de la métropole. En 1903, la France, afin de s'affranchir de sa dépendance américaine, engageait la production de coton dans ses colonies d'Afrique Noire. |

**Commentaires du tableau 8 :**

Le tableau 8 indique que cette période des jardins d'essais, axée principalement sur le développement technologique (recherche variétale), marquait le début de la mise en valeur de la colonie de Haute-Volta, correspondant au lancement d'un premier jalon vers la production du coton d'exportation.

### 1.3.2. Début de la mise en valeur de la production cotonnière à l'échelle de l'économie de marché (1919-1932)

De 1919 à 1932, après la création de la colonie de Haute-Volta et dans le cadre de la mise en valeur des colonies décidée par l'empire colonial, le choix d'en faire un bassin de production cotonnière est définitivement acté, compte-tenu de ses potentialités naturelles spécifiques et de l'ancrage du coton dans le mode de production traditionnel précolonial. Cela aboutira à une transformation, par l'administration coloniale en collaboration avec l'ACC, du mode de production traditionnel vers un système de production de rente, grâce à l'exploitation accrue de la main d'œuvre gratuite à travers l'introduction du travail forcé qui sera le fer de lance de la culture cotonnière. Dès lors, la colonie de Haute-Volta débute son aventure par la spécialisation dans la monoculture cotonnière qui deviendra son principal produit d'exportation. Nous soulignons des faits marquants dans l'encadrement des cultures cotonnières :

- L'instauration de la production obligatoire du coton à travers la promulgation de mesures administratives coercitives et répressives ou « de travail forcé » [57] ;
- L'instauration et l'organisation de champs collectifs obligatoires de coton, proportionnels à l'effectif démographique[58], pour la production du coton destiné à l'exportation.

---

[57] Pour accroitre la production, l'étude de A. Schwartz (1993) soulignera qu'une circulaire réglementaire de l'administration coloniale datant du 4 juin 1926 fixait la superficie à 4 hectares pour 100 habitants à réserver à la culture du coton destinée à l'exportation ; laquelle faisait suite à celle édictée durant la campagne agricole 1924-1925 où l'administrateur colonial signifiait dans sa note et en ces termes « …il conviendrait de fixer et de contrôler soigneusement l'étendue des terres à ensemencer. Des délimitations sommaires sur place pour chaque village ou groupement me paraissent être la meilleure garantie de la sincérité des promesses des agriculteurs d'augmenter l'étendue de leur culture…l'intérêt général exige une production poussée à l'extrême… » (A. Schwartz, ORSTOM, 1993, P 5).

[58] Le programme d'action de mise en valeur de la colonie de haute volta s'appuie sur la culture du coton en 1924, et est dirigé par le lieutenant-gouverneur Frédéric Charles Hesling administrateur de la colonie de Haute Volta de 1919 à 1928 (A. Schwartz, 1993, p.5). Celui-ci prend des mesures radicales d'intensification de l'exploitation de main d'œuvre paysanne.

**Tableau 9 : Début de la mise en valeur de la production cotonnière de rente (période 1919-1932)**

| Chaine de valeur du coton | | Acteurs contrôlant la chaine de valeur du coton produit au Burkina Faso | | Observations |
|---|---|---|---|---|
| | | Sociétés étrangères (françaises et autres) | Colonie de Haute Volta et entreprises locales | |
| Production et transformation : coton graine, coton non cardé ni peigné et autres | Production de coton graine | Administration coloniale française | | Sur la période 1926 - 1932, instauration dans le milieu paysan d'un système de champs collectifs obligatoires à superficie proportionnelle à l'effectif démographique. Plus de 14 unités d'égrenage de coton graine sont installées et appartiennent à la colonie, à l'ACC ou à des privés français |
| | Coton fibre non peigné ni cardé des usines d'égrenage du coton graine, pressage des balles et classement | Administration coloniale française Association cotonnière coloniale (ACC) Comptoir des industries textiles et cotonnières (CITEC) françaises | / | |
| | Fils de coton à usage domestique obtenu à partir des réseaux de production et de transformation traditionnelle en marge du circuit officiel | / | Producteurs paysans Marchands transitionnels Tisserands locaux | Face à la situation de monopole du pouvoir colonial, une partie du coton est détournée par la population pour la transformation artisanale domestique. Les bandes de coton obtenues sont vendues au Ghana voisin (ex Gold Coast) Sécurisation des circuits d'approvisionnement par la répression |
| Commercialisation et vente des produits dérivés du coton | Commercialisation du coton fibre non cardé et non peigné | Association Cotonnière Coloniale. Comptoir des industries textiles et cotonnières (CITEX) françaises | / | |
| | Commercialisation domestique de bandes de tissu en cotonnade et | | Tisserands traditionnels Marchands locaux | |

| | | | | |
|---|---|---|---|---|
| | exportation vers le Ghana (ex Gold Coast) | | | |
| Transports et logistique | / | Sociétés de transport françaises | | |
| Développement technologique | Création d'un service local des textiles chargé de l'expérimentation, de l'encadrement de la production du coton et de l'amélioration de la qualité de la technologie. Ouverture de fermes cotonnières expérimentales et de multiplication variétale Initiation de paysans-pilotes de la culture cotonnière intensive | Administration coloniale française | / | Début de la production cotonnière et de la structuration de la filière cotonnière par l'administration coloniale |

**Commentaires du tableau 9 :**

Le tableau 9 indique que sur la période de 1919 à 1932, l'administration coloniale a débuté la production cotonnière intensive dans la colonie de Haute-Volta. La chaine de valeur cotonnière est essentiellement contrôlée par le pouvoir colonial et l'ACC.au niveau de la production du coton graine, du coton fibre par les usines d'égrenage et de la commercialisation. De même pour la recherche-développement qui comprend la création : (i) D'un service local des textiles chargé de l'expérimentation, de l'encadrement de la production du coton et de l'amélioration de la qualité ; (ii) De fermes cotonnières expérimentales et de multiplication variétale ; et (iii) De fermes pilotes de la culture cotonnière intensive en milieu paysan.

### 1.3.3. Echec de la culture cotonnière et suppression de la colonie de Haute-Volta ou le sort d'une colonie liée à celui du coton

Dans la colonie de Haute-Volta, la production du coton graine est associée au travail forcé. La culture du coton fut un moyen d'autofinancement de la colonie mais force était de constater que les quantités n'ont cessé de diminuer au fil des ans, notamment entre 1925 et 1931[59]. Le rapport d'inspection des colonies[60] ayant conclu que les contre-performances de la production cotonnière rendaient non viable l'économie de la colonie, la suppression de celle-ci a été décidée. Dès lors, après la suppression de la colonie de haute Volta, son territoire fut reparti entre les colonies de Côte d'Ivoire, du Soudan français et du Niger. Toutefois, l'administration coloniale continua la recherche variétale sur le coton avec l'entremise de l'Institut de Recherches du Coton et des Textiles exotiques (IRCT) jusqu'à la fin de l'année 1947, qui voyait la reconstitution de la colonie de Haute-Volta avec une reprise des activités de production de coton.

**Le tableau 10 ci-après présente les activités cotonnières sur la période de 1932 à 1947.**

---

[59] Le rapport annuel de la colonie de Haute-Volta de 1925 à 1931, CAOM, Aix - en - Provence, présente les données suivantes pour le coton graine commercialisé (A. Schwartz, 1993) : en 1925 : 6 328 tonnes ; en 1926 : 2 014 tonnes ; en 1927 : 2 661 tonnes ; en 1928 : 2 759 tonnes ; en 1929 : 4 248 tonnes ; en 1930 : 1 644 tonnes et en 1931 : 141 tonnes.

[60] A. Schwartz, 1993 « La politique cotonnière du gouverneur Hesling et la dislocation de la colonie de Haute Volta en 1932 : et si l'inspecteur SOL s'était trompé ? », centre Orstom d'Ile de France, 22 p.

**Tableau 10 : Principales activités cotonnières durant la période qui a suivi la suppression de la colonie de Haute-Volta (1932-1947)**

| Chaine de valeur de coton | Acteurs contrôlant la chaine de valeur du coton produit au Burkina Faso | | Observations |
| | Sociétés étrangères (Françaises et autres) | Ex territoire de la colonie de Haute-Volta et entreprises locales | |
|---|---|---|---|
| Production et transformation : coton graine, coton non cardé ni peigné et autres types de produits | Néant | | La suppression de la colonie de Haute-Volta en raison de pertes sur la filière cotonnière a entrainé sa dislocation et la répartition de son territoire entre les possessions coloniales du Niger, du Soudan et de la Côte d'Ivoire en vue d'une exploitation du réservoir de main d'œuvre. |
| Commercialisation et vente des produits dérivés du coton | Néant | | |
| Transports et logistique | Néant | | |
| Développement technologique | Développement de fermes cotonnières expérimentales et de multiplication variétale Initiation de paysans pilotes de la culture cotonnière intensive | Instituts de Recherche du Coton et des Textiles exotiques (IRCT)[61] | Néant | La seule activité liée au coton est la recherche sur les variétés performantes. L'IRCT est l'émanation de « l'Union Cotonnière de l'Empire Français (UCEF) » elle-même anciennement connue comme « l'Association Cotonnière Coloniale (ACC) ». |

---

[61] Par transformation de leurs statuts, l'ACC deviendra « l'Union Cotonnière de l'Empire Français (UCEF) » en 1941, puis « l'Institut de Recherche du Coton et des Textiles exotiques (IRCT) » en 1990 (A. Schwartz, 1993, P 9).

### 1.3.4. Reconstitution de la colonie de Haute-Volta et reprise de la production cotonnière à l'accession à l'indépendance politique (1947 – 1960)

Après la reconstruction de la colonie de Haute-Volta, la monoculture du coton[62] est reprise par l'administration coloniale française sous l'angle de la libre-adhésion des populations. La Compagnie Française pour le Développement des fibres Textiles (CFDT)[63] en devient le principal maitre d'œuvre et dispose d'un monopole de production et de commercialisation du coton graine et du coton fibre. D'autres acteurs non moins importants s'associent à cette entreprise, ce sont : (i) L'IRCT pour la diffusion des nouvelles variétés, le maintien de la pureté des semences et l'amélioration des méthodes culturales ; (ii) La caisse de stabilisation des prix du coton de l'Afrique Occidentale Française (AOF) qui fixe les prix sur le marché cotonnier.

**Le tableau 11 ci-après illustre l'organisation de la chaine de valeur du coton sur la période de 1947 à 1960, année d'accession à l'indépendance de la colonie de Haute-Volta.**

---

[62] Plus de 40% du territoire sera consacré à la production de coton graine sur la période (A. Schwartz, 1993, P 10).

[63] La CFDT est une société d'économie mixte créée en 1949 avec un capital appartenant à 64,2% à la caisse centrale de France d'outre-mer et 35,8% appartenant aux syndicats français de producteurs et d'utilisateurs de fibres textiles.

**Tableau 11 : Chaine de valeur de la relance de la production cotonnière dans la colonie de Haute Volta (1947 – 1960)**

| Chaine de valeur de coton | | Acteurs contrôlant la chaine de valeur du coton produit au Burkina Faso | | Observations |
| | | Sociétés étrangères (françaises et autres) | Colonie de Haute-Volta et entreprises locales | |
|---|---|---|---|---|
| Production et transformation : coton graine, coton non cardé ni peigné et autres types de produits | Production de coton graine | Compagnie Française pour le Développement des fibres Textiles (CFDT) | / | La chaine de valeur du coton reste sous le contrôle entier de l'administration coloniale française et des sociétés métropolitaines : CFDT, Caisse de stabilisation des prix du coton d'AOF et l'IRCT |
| | Coton fibre non peigné et non cardé obtenu des usines d'égrenage du coton graine, pressage des balles et classement | Compagnie Française pour le Développement des fibres Textiles (CFDT) | / | |
| | Fils de coton à usage domestique obtenu à partir des réseaux de production et de transformation artisanale en marge du circuit officiel | / | Tisserand traditionnel | |
| Commercialisation et vente des produits dérivés du coton | Commercialisation de coton graine | Compagnie Française pour le Développement des fibres Textiles (CFDT) Caisse de stabilisation des prix du coton de l'Afrique occidentale française (AOF) Autres entreprises privées de la métropole | Marchand locaux Tisserands traditionnels du circuit informel | Une partie de la production de coton graine est vendue au travers des circuits traditionnels aux tisserands et aux marchands locaux |
| | Commercialisation du coton fibre non cardé et non peigné | CFDT | Néant | Le commerce du coton est sous le monopole de la CFDT |

| | | | | |
|---|---|---|---|---|
| | Commercialisation domestique de bandes de tissu en cotonnade et exportation vers le Ghana (ex Gold Coast) | / | Marchands traditionnels locaux | / |
| Transports et logistique | | Sociétés françaises | | / |
| Développement technologique | Diffusion des nouvelles variétés, maintien de la pureté des semences et amélioration des méthodes culturales | Institut de Recherche du Coton et des Textiles exotiques (IRCT) | Néant | Les intérêts des centres de recherche sont au service de l'administration coloniale |

**Commentaires du tableau 11 :**

Le tableau 11 indique que la reprise de la production du coton graine, après la reconstitution de la colonie de Haute-Volta, est restée sous le contrôle des sociétés métropolitaines et de l'administration coloniale. La mise en valeur concernait essentiellement la production et la transformation primaire qui garantit l'offre du coton non cardé ni peigné.

### 1.3.5. Prise en main de la filière cotonnière par la Haute Volta indépendante (1960-1989)

Après la prise de l'indépendance, la Haute-Volta s'est inscrite dans la continuité de la culture cotonnière pour assurer le financement de son économie. Malgré ce changement de régime, la CFDT continuera à exercer son contrôle sur les maillons essentiels de la chaine de valeur cotonnière dans le pays, à travers la prise en charge de la commercialisation du coton graine, l'égrenage et la commercialisation du coton fibre. De même, l'IRCT continuera d'assurer son contrôle sur la gestion des semences et le renouvellement des variétés (A schwartz, 1993).

Toutefois, pour marquer sa présence, le nouvel Etat créait, en 1964, la Société voltaïque des textiles VOLTEX [64] pour la production du textile destiné au marché national et, en 1970 sous l'impulsion de la Banque mondiale, « *L'association en participation Haute volta – CFDT* », laquelle fonctionnera jusqu'à la création de la Société Voltaïque des Fibres Textiles SOFITEX en 1979, avec une participation au capital de 65% pour l'Etat voltaïque, 34% pour la CFDT et 1% pour le système bancaire[65].

On notera également la mise en place d'un consortium, constitué de l'Institut National d'Etudes et de Recherches Agricoles (INERA) de la Haute-Volta et de l'IRCT, dans le cadre d'un programme coton chargé de : (i) La recherche génétique articulée sur la recherche variétale ; (ii) L'entomologie articulée sur la recherche phytosanitaire ; et (iii) L'agronomie et l'agroéconomie articulées sur l'amélioration des systèmes de production paysans (ORSTOM, 1993, P14-15). De ce fait, la filière cotonnière a pu faire son ancrage de manière structurelle dans le système de production agricole et du commerce extérieur des produits agricoles de Haute-Volta en tant que premier produit d'exportation.

---

[64] La VOLTEX fut créée en 1964 au lendemain de l'indépendance en vue de la transformation d'une partie du coton fibre sur place en pagne et en fil de coton. Les produits seront principalement destinés au marché domestique (ORSTOM, 1993, P11).

[65] ORSTOM, 1993, P 13.

# Tableau 12 : Période transitoire de prise en main de la filière cotonnière par la Haute Volta indépendante (1960 - 1989)

| Chaine de valeur du coton | | Acteurs contrôlant la chaine de valeur du coton produit au Burkina Faso | | Observations |
|---|---|---|---|---|
| | | Sociétés étrangères (françaises et autres) | Burkina Faso (ex Haute-Volta) et entreprises locales | |
| Production et transformation : coton graine, coton non cardé ni peigné et autres types de produits | Production de coton graine, coton fibre non peigné ni cardé obtenu à travers des usines d'égrenage du coton graine et de pressage des balles | Compagnie Française pour le Développement des fibres Textiles (CFDT) et Etat Voltaïque. Devenue Association en participation République de Haute Volta – CFDT en 1970. Devenue SOFITEX (Société Voltaïque des Fibres Textiles) en 1979 | | En 1970 l'Etat voltaïque et la CFDT créèrent l'Association en participation - CFDT qui deviendra en 1979 la SOFITEX[66] (Société Voltaïque des Fibres textiles) l'Etat Voltaïque détient 65% du capital, CFDT 34% et les banques privées 1%. La VOLTEX fut créée en 1968 pour assurer la transformation d'une partie du coton en vue de satisfaire la demande domestique en tissu et de fil de coton. Elle changea de dénomination sous la révolution en 1983 et deviendra la FASO FANI fermée en 2000. Nous avons également la FILSA. Mais dans l'ensemble, la consommation nationale de coton fibre ne dépasse pas 1% et les 99% du coton fibre produit est destiné à l'export. |
| | Fils de coton à usage domestique obtenus à partir des réseaux de production et de transformation artisanale | / | Artisans (tisserands locaux) | |
| | Transformation des industries locales du coton en produits textiles (pagnes et tissus) | Néant | Société voltaïque des textiles (VOLTEX) devenue Faso Fani après 1983 FILSA | |
| | Production d'huile alimentaire et dérivés à partir des graines de coton obtenues après égrenage | / | SHSB (Ex CITEX) SOFIB | |
| Commercialisation et vente des | Commercialisation de coton graine et | Compagnie Française pour le Développement des fibres | | |

[66] CUNCED, 2009 « examen de la politique d'investissement Burkina Faso », Nation Unie New York, Genève (CUNCED, 2009), P 6

| produits dérivés du coton | de coton fibre non cardé ni peigné | Textiles (CFDT) | | |
| | | Devenue Association en participation République de Haute Volta – CFDT en 1970 | | |
| | | Devenue SOFITEX (Société Voltaïque des Fibre Textiles) en 1979 | | |
| | Commercialisation domestique de bandes de tissu en cotonnade et exportation vers les pays de la sous-région | / | Marchands traditionnels locaux | |
| Transports et logistique | Stockage et logistique | CFDT | | Les infrastructures de stockage de coton graine et de coton fibre appartiennent à la SOFITEX |
| Développement technologique | Développement et renouvellement de nouvelles variétés de semences de coton | Institut National d'Etudes et de Recherches Agricoles (INERA) et IRCT | | Collaboration entre l'INERA et l'IRCT dans le cadre d'un programme « coton » |

**Commentaires du tableau 12 :**

Au cours de la période de 1960 à 1989, on observe quelques changements dans l'évolution des sociétés cotonnières chargées de la mise en valeur des produits du coton burkinabè. La CFDT a laissé la place à la SOFITEX qui marque une présence de l'Etat burkinabè avec la détention de 65% du capital, 34% du capital étant détenu par la CFDT et 1% par le secteur bancaire privé. Toutefois, malgré ces changements de statut des sociétés, l'exploitation de la chaine de valeur des produits du coton n'a pas significativement évolué. Ainsi, « *la part de marché des clients nationaux ne représente que 1% de la production nationale de coton* » selon le rapport sur la description de la filière cotonnière au Burkina Faso (MESSRS, 2002).

La production et la transformation primaire du coton brut représentaient les principaux maillons développés dans le pays. Quant à la recherche-développement, si l'on notait l'implication de l'INERA, elle était sous le contrôle de la CFDT qui fut le principal bras financier de la recherche cotonnière.

### 1.3.6. Perte de la souveraineté de l'Etat dans le contrôle de la chaîne de valeur cotonnière (1990-2010)

Sur la période allant de 1990 à 2010, on assistait à un changement des statuts de la SOFITEX qui était jusqu'alors la principale société nationale de transformation et de commercialisation du coton. Suite aux exigences des programmes d'ajustement structurel et de privatisation, le champ d'action de la SOFITEX diminua au profit de nouvelles sociétés étrangères. On assistait alors à une subdivision des régions cotonnières en trois grandes zones d'appartenance comme suit :

- La zone de production cotonnière contrôlée par la SOFITEX, détenue désormais par l'Etat Burkinabè à 35%, l'UNPC-B à 30%, la DAGRIS (Développement des Agro-Industries du Sud, ex-CFDT) à 34% et les banques privées 1%[67] ;

- La zone de production cotonnière contrôlée par la SOCOMA, de statut étranger, dont le capital social est détenu majoritairement par le groupe français DAGRIS, avec une participation de 51%, et en minorité par les

---

[67] MECV, 2011 « analyse économique du secteur du coton, liens pauvreté et environnement » rapport final, P 16.

sociétés burkinabè qui sont : l'UNPC-B à 20%, la SOBA à 20%, l'AGRITA à 5% et SYA à 4% ; et

- La zone de production cotonnière contrôlée par FASO COTON, société dont le capital est également détenu en majorité par des sociétés étrangères : la société suisse REINHART à 31%, Ivoire Coton/IPS à 29% et le fournisseur d'intrants AMEFERT à 10%. Le reste du capital est détenu en minorité par les sociétés burkinabè SOBA à 20% et l'UNPCB à 10%.

En conséquence, les tentatives de l'Etat pour exercer son contrôle sur la filière furent sans effet apparent.

**Tableau 13 : Vers une maitrise du contrôle des maillons de la chaine de production du coton graine (1990-2010)**

| Chaine de valeur du coton | | Acteurs contrôlant la chaine de valeur du coton produit au Burkina Faso | | Observations |
|---|---|---|---|---|
| | | Sociétés étrangères (françaises et autres) installées au Burkina | Burkina Faso et entreprises locales | |
| Production et transformation : coton graine, coton non cardé ni peigné et autres types de produits | Production de coton graine | SOCOMA FASO COTON | SOFITEX (statuts révisés) | En 1999, après la libéralisation de la filière, la SOFITEX procédait à la révision de ses statuts. Après révision, l'Etat Burkinabè détient 35%, l'UNPC-B 30%, la DAGRIS (Développement des Agro-Industries du Sud – ex-CFDT) 34% et les banques privées 1%[68]. |
| | Coton fibre non peigné et ni cardé obtenu des usines d'engrenages du coton graine et pressage des balles et classement | SOCOMA FASO COTON | | |
| | Fils de coton à usage domestique obtenu à partir des réseaux de production et de transformation en marge du circuit officiel | / | Artisans (tisserands locaux et coopératives féminines de tissage et de fabrication de tissus Faso Danfani) | 2004, il fut créé la SOCOMA dont les actions sont détenues à 51% par le groupe français DAGRIS, l'UNPCB 20%, SOBA 20%, AGRITA 5%, SYA participation 4%. La société FASO COTON dont le capital est détenu à 31% par la société suisse REINHART, Ivoire Coton/IPS 29%, le fournisseur d'intrants AMEFERT 10%, la société de transport SOBA 20% et l'UNPCB 10%. |
| | Transformation locale du coton en produits textiles (pagnes et tissus) | | FILSAH et Tisserands locaux | |
| Commercialisation et vente des produits dérivés du coton | Commercialisation primaire de coton graine et production primaire et commercialisation de coton fibre | SOCOMA FASO COTON | SOFITEX (statuts révisés) | |
| Transports et | / | | SITARAILS, transporteurs | |

[68] MECV, 2011 « Analyse économique du secteur du coton, liens pauvreté et environnement » rapport final, P 16.

| logistique | | étrangers et nationaux | | |
|---|---|---|---|---|
| Développement et recherche technologique | Recherche et introduction de nouvelles variétés de coton comestible (exempt de gossypol et de toute toxicité alimentaire) | / | Institut d'études et de recherches agricoles (INERA) Burkina | Renforcement des capacités de recherche des institutions du pays sur le coton |

## 1.4. Synthèse de l'évolution des acteurs de la chaine de valeur cotonnière et enjeux pour les autres produits agricoles d'exportation du Burkina Faso

### 1.4.1. Synthèse de l'évolution des acteurs de la chaine de valeur cotonnière au Burkina Faso

Les analyses ci-dessus ont montré que la filière cotonnière, depuis l'ère coloniale jusqu'à l'ère postcoloniale (de 1960 à nos jours), est dominée par la présence de sociétés françaises et étrangères qui la contrôlent. L'Etat burkinabè n'est présent qu'à travers ses participations en capital au sein de la SOFITEX. Ceci implique que les différents maillons de la chaine de valeur cotonnière sont tributaires des fluctuations des capitaux du privé et étrangers, ce qui accentue la dépendance du pays dans un secteur stratégique en matière de développement économique et social.

**Le tableau 14 ci-après présente la synthèse de l'évolution de la chaine de valeur cotonnière au Burkina Faso de 1919 à 2010.**

**Tableau 14 : Synthèse de l'évolution de la position des acteurs de la chaine de valeur cotonnière (1919-2010)**

| Maillons de la chaine de valeur cotonnière | Acteurs de la chaîne de valeur cotonnière aux différentes périodes | | | | | |
|---|---|---|---|---|---|---|
| | 1919 - 1960 | 1919 - 1932 | 1932 - 1947 | 1947 - 1960 | 1961 - 1989 | 1990 - 2010 |
| Recherche et développement technologique de nouvelles variétés (introduction de la culture du coton, développement de fermes cotonnières expérimentales et de multiplication variétale) Initiation des paysans pilotes à la culture cotonnière intensive | Administration coloniale française et Association coloniale cotonnière française | Administration coloniale française | Institut français de recherche du coton et des textiles exotiques (IRCT) | Institut français de recherche du coton et des textiles exotiques (IRCT) | Institut national d'études et de recherches agricoles (INERA) IRCT (étrangère) | INERA |
| Production et transformation de coton graine, de coton fibre non cardé ni peigné. | | Administration coloniale française, Association coloniale cotonnière française et Comptoir des industries textiles et cotonnières (CITEC) française | | Compagnie Française pour le Développement des fibres Textiles (CFDT) | Compagnie française pour le Développement des fibres textiles et Etat voltaïque (devenue en 1970 Association en participation République de Haute Volta – CFDT) Société Voltaïque des Fibres Textiles (SOFITEX) à partir de 1979 avec 65% capital de l'Etat, 44 % CFDT et 1% banque | SOFITEX (société nationale) SOCOMA (société étrangère) FASO COTON (société étrangère) |

| Commerce international de coton graine, de coton fibre non cardé, ni peigné | | Association coloniale cotonnière française et Comptoir des industries textiles et cotonnières (CITEC) française | - | CFDT Caisse de stabilisation de prix du coton de l'Afrique occidentale française (AOF) et autres compagnies métropolitaines | Compagnie française pour le Développement des fibres textiles et Etat voltaïque (devenue en 1970 Association en participation République de Haute Volta – CFDT) Société Voltaïque des Fibres Textiles (SOFITEX) à partir de 1979 avec 65% capital de l'état, 44 % CFDT et 1% banque | SOFITEX (société nationale) SOCOMA (société étrangère) FASO COTON (société étrangère) |
|---|---|---|---|---|---|---|

**Commentaires du tableau 14 :**

Le tableau récapitulatif ci-dessus indique que durant la période de 1919 à 1960, la filière cotonnière fut essentiellement exploitée par des sociétés cotonnières d'origine française, dans les trois principaux segments de la chaine de valeur que sont : la recherche et le développement de nouvelles technologies agricoles, la production et la transformation primaire du coton graine en coton fibre et le commerce vers le marché international.

Au cours de la période allant de 1961 à 1989, l'Etat Burkinabè a créé une société cotonnière nationale (SOFITEX) pour prendre en charge les activités de la filière dans les segments indiqués, mais cela a été d'une courte durée. En effet, en 1990, date de la privatisation de la filière, sous la contrainte des programmes d'ajustements structurels dans lesquels le pays s'était engagé, le champ d'activités de la SOFITEX fut réduit, laissant la place à de nouvelles sociétés étrangères que sont : les sociétés cotonnières SOCOMA et FASO COTON. Par ailleurs, on remarque l'omniprésence de la CFDT (sous l'appellation DAGRIS depuis 2004) dans la gestion et le contrôle de la filière cotonnière depuis 1947.[69]

On en déduit que le développement de la chaine de valeur cotonnière, malgré son importance en termes de création d'emploi pour le monde rural, n'a pas fondamentalement évolué depuis la période coloniale jusqu'à nos jours. Elle n'a pas non plus pu jouer un rôle moteur dans la création de valeur ajoutée pour d'autres produits dérivés du coton et ni engendrer un effet d'entrainement pour d'autres secteurs de l'industrie de transformation du pays.

---

[69] DAGRIS est dans le capital social de la SOFITEX (34% de parts sociales détenues) et majoritaire dans celui de la SOCOMA (51% de parts sociales détenues).

### 1.4.2. Enjeux pour les autres produits agricoles d'exportation du Burkina Faso

L'analyse de la chaine de valeur cotonnière montre que le commerce international des produits agricoles au Burkina Faso semble être prisonnier de l'héritage colonial de la culture du coton. Dans l'ensemble du secteur de l'agriculture, les investissements réalisés et durablement soutenus ont été consacrés à la filière cotonnière, à savoir : l'exploitation de grandes zones de production, la structuration des paysans au sein de groupements professionnels de producteurs, la recherche et développement de nouvelles technologies agricoles, la mise à disposition de moyens de transport et logistiques, l'installation d'usines d'égrenage et d'emballage de coton fibre.

Malgré les moyens mis en œuvre et l'engagement politique des autorités, l'offre commerciale des produits du coton sur le marché international reste au stade de coton graine et de coton fibre, en raison du caractère embryonnaire du développement de la chaine de valeur. L'intégration du Burkina Faso dans la chaine de valeur mondiale de ce produit reste marginale, après plus d'un siècle d'existence bien qu'elle soit importante en termes de création d'emplois ruraux.

La filière cotonnière n'a pas induit la création d'entreprises dans d'autres secteurs de l'industrie de transformation. Toutefois, en termes d'enjeux pour les autres produits d'exportation, le modèle d'organisation de la filière cotonnière pourrait inspirer le pays, notamment dans la Stratégie nationale de promotion et de diversification des exportations pour les produits agricoles, formulée en 2010, dont la mise en œuvre est en cours autour des nouveaux produits d'exportation prioritaires que sont le sésame, la mangue fraiche, le karité et la noix de cajou.

### Section V : Intégration commerciale du Burkina Faso dans l'espace CEDEAO et efficacité des mécanismes de promotion des exportations des produits agricoles

### 1.1. Engagement du Burkina Faso dans la mise en œuvre d'une nouvelle stratégie nationale de promotion des exportations

En 2008, le Burkina Faso s'engageait dans la formulation et la mise en œuvre d'une Stratégie Nationale de promotion des Exportations (SNE) et la dans la Restructuration du Dispositif Institutionnel (DRI) de l'Office National du Commerce extérieur (ONAC) (Ministère du Commerce, 2008), qui fut la principale structure publique chargée de la mise œuvre des exportations des produits burkinabè.

Cette réforme était justifiée par la situation du déficit commercial chronique, caractérisée par plusieurs facteurs qui limitaient la compétitivité du secteur sur le marché international face à la concurrence. Les constats en 2008 étaient les suivants : « *La faiblesse des produits d'exportation, le manque de transformation minimum pour les produits exportés, le manque de coordination des politiques sectorielles, la forte progression des importations, le manque de substitution aux produits importés, la détérioration des termes de l'échange, la faiblesse de la structure de l'Office National du Commerce extérieur chargé de promouvoir les exportations etc.[70]* »

Après les études et la formulation de la SNE et du schéma de restructuration de l'ONAC, le pays entrepris, en 2010, la mise en œuvre de l'ensemble de ces réformes afin de promouvoir les exportations et de mettre en place des mécanismes afin de faciliter l'accès au marché international. La promotion des exportations du sésame, de la mangue fraiche, de la noix de cajou et du karité ont été choisis comme prioritaires dans le secteur agricole.

**Dans ce cadre, la présente section V comprend trois parties :**

- La présentation de la SNE et du schéma de restructuration de l'ONAC, ainsi que l'analyse des actions de mise en œuvre des priorités nationales ;

- L'analyse des déterminants et des facteurs de compétitivité des produits agricoles prioritaires du Burkina Faso sur le marché communautaire de la CEDEAO : Efficacité et impact sur le commerce extérieur du pays ;

- Les défis du commerce extérieur des produits agricoles burkinabè et de nouvelles orientations en vue de favoriser l'intégration commerciale du Burkina Faso dans l'espace de la CEDEAO.

## 1.2. Présentation du cadre institutionnel de l'APEX Burkina et de la stratégie nationale de promotion des exportations et des principales variables d'influence

A la suite des recommandations formulées par l'étude sur l'Intégration Commerciale (EDIC) du Programme du Cadre Intégré (Ministère du Commerce,

---

[70] Extrait du document de demande de propositions N°01/MCPEA/SG/DEP/ONAC/ du mois d'Avril 2008.

2007), le Burkina Faso a formulé la SNE et créé l'Agence de Promotion des Exportations APEX – Burkina en remplacement de l'ONAC.

Les statuts de la SNE et de l'APEX ont été adoptés en même temps en 2011 en Conseil des ministres par les « *Décrets n°2011-756/PRES/PM/MICA et n°2011-757/PRES/PM/MICA du 18 octobre 2011* » suite à la publication desquels le gouvernement a procédé officiellement au lancement des activités de l'APEX et de la SNE.

A la fin de la mise en œuvre de la première phase de la SNE, en 2018, le gouvernement procéda à l'élargissement du nombre de produits agricoles dans ses priorités d'exportation, fixées pour une nouvelle période de 2019 à 2023.

Nous analyserons l'efficacité de la mise en œuvre de la SNE, à partir du début de sa mise en œuvre en 2011 jusqu'en 2018, et du cadre institutionnel de l'APEX et nous ferons ressortir les facteurs qui ont fortement influencé les exportations et l'impact de cette stratégie sur l'intégration commerciale du pays dans le marché intracommunautaire de la CEDEAO.

### 1.2.1. Stratégie nationale de promotion des exportations du Burkina Faso

Malgré l'existence de filières porteuses dotées de potentiels de croissance importants, l'EDIC (Faso, 2007) concluait en 2007 que les différentes chaines de valeur des principales filières agricoles Burkinabè souffraient de plusieurs insuffisances qui empêchaient le pays de promouvoir ses exportations, notamment vers le marché contractuel de l'espace de la CEDEAO, bien qu'il possédait des atouts pour un meilleur positionnement sur ce marché face à la concurrence des autres pays membres.

Les insuffisances étaient :
- Le faible niveau d'informations sur la production, sur les marchés régionaux et internationaux ;
- Le faible niveau d'organisation des filières identifiées ;
- L'insuffisance du paquet technique et le déficit de l'encadrement des producteurs ;
- Le faible niveau de compétence et de capacité des exportateurs ;
- L'absence de mécanisme institutionnel de promotion des exportations.

La recherche de solutions a conduit le pays à s'engager en 2011 dans la mise en œuvre de la SNE formulée en 2010, à travers la création de l'APEX Burkina, maitre d'œuvre de la SNE du Burkina Faso (Slim Shaker, Restructuration du dispositif institutionnel de l'ONAC, 2010).

Les produits agricoles prioritaires inscrits dans la SNE au cours de la période 2011-2018 (1ère phase) et 2019-2023 (2ème phase) sont :
- En 2011, les filières mangue, oignon et karité ; les secteurs des produits animaux : bétail sur pieds, viande, cuirs et peaux ;
- En 2919, les filières sésame et noix de cajou.

Dans le cadre de notre analyse, nous prendrons le cas des exportations de la mangue fraiche et du sésame pour illustrer l'efficacité des mécanismes de promotion des exportations dans le cadre des orientations fixées par l'APEX Burkina, afin d'appréhender les problèmes liés à l'intégration commerciale dans l'espace de la CEDEAO pour le Burkina Faso.

### 1.2.2. Variables de dépendance liées à l'environnement interne et externe des exportations

Nous classifions les variables en trois catégories :

- Les facteurs qui caractérisent l'environnement interne et qui influencent directement les exportations vers les marchés, régional, communautaire et international, et sur lesquelles le pays dispose des moyens de contrôle ;

- Les facteurs qui caractérisent l'environnement interne et qui influencent directement les exportations vers les marchés, régional, communautaire et international, et sur lesquelles le pays n'a pas de contrôle mais peut influencer ;

- Les facteurs qui caractérisent l'environnement interne et qui influencent directement les exportations vers les marchés, régional, communautaire et international, et sur lesquelles le pays n'a ni influence, ni contrôle.

**Tableau 15 : Liste des variables institutionnelles d'influence du secteur des exportations au Burkina Faso**

| Intitulé des variables | Commentaires |
|---|---|
| APEX Burkina | Structure chargée de la mise en œuvre de la SNE. |
| MCPEA | Ministère tutelle chargé de la mise en œuvre de la politique commerciale du pays, de la politique industrielle et de l'artisanat. |
| DGI | Direction chargée de la mise en œuvre des stratégies d'industrialisation et de l'artisanat. Elle est rattachée au MCPEA |

| | |
|---|---|
| CCIA - B | Institution publique sous la tutelle du MCPEA. Elle joue un rôle consultatif pour donner aux pouvoirs publics des informations et avis sur les questions commerciales, industrielles et artisanales. Elle assure l'acquisition et la gestion des structures et services neutres et garantit la sécurité et le respect des règles de jeux pour les organisations et les activités qui relèvent de la profession. |
| ANPI | Agence Nationale de Promotion des Investissements. |
| Maison de l'entreprise du Burkina | Encadrement des entreprises nationales, création d'entreprise et gestion du guichet unique du Burkina. |
| Système bancaire | Gestion des produits financiers et financement des exportations. |
| ABNORM | Gestion des normes de qualité des produits. |
| UEMOA | Organisation régionale de 8 pays et Union douanière |
| CEDEAO | Organisation régionale Ouest africaine membre de la communauté africaine (15 pays) et union douanière. |
| CEA | Communauté économique africaine, nouvel espace de libre-échange continental africain. |
| Accord de Cotonou | Accord de partenariat économique entre la CEDEAO et l'UE. |
| Douane | Contrôle des droits de porte des régimes tarifaires et non tarifaires. |
| OHADA | Organisation pour l'harmonisation en Afrique du droit des affaires. |

Le graphique ci-après présente les trois catégories de variables identifiées.

**Graphique 1 : Emplacement des variables d'influence de la Stratégie nationale de promotion des exportations dans l'environnement interne et contractuel externe du Burkina Faso**

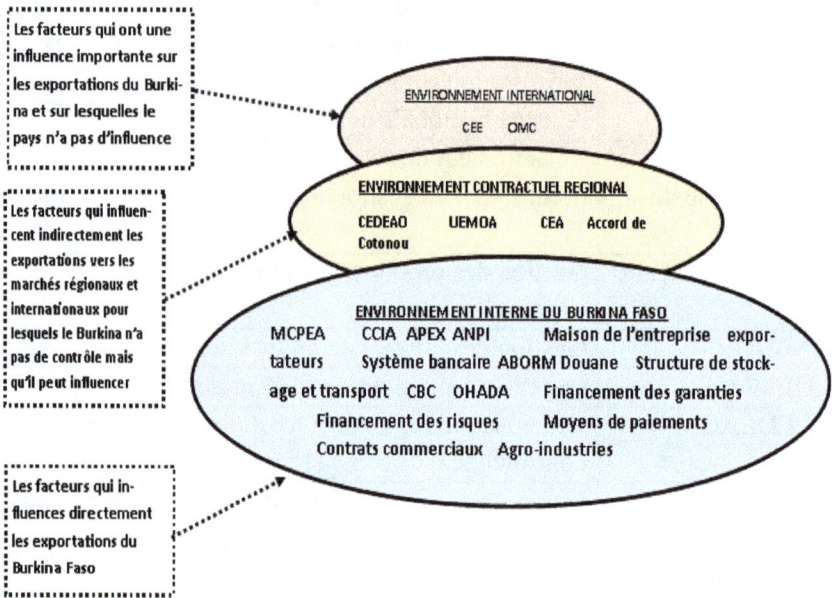

*1.2.3. Roue stratégique et domaines d'action dans la mise œuvre de la Stratégie nationale de promotion des exportations*

Notre analyse des différents facteurs qui influencent les exportations du Burkina Faso s'appliquera aux différents segments qui composent la chaine de valeur de la stratégie des exportations et qui constitue la roue stratégique. Nous retiendrons les segments d'analyse présentés dans la figure 5 ci-dessous :

**Figure 5: La roue stratégique des exportations des produits**

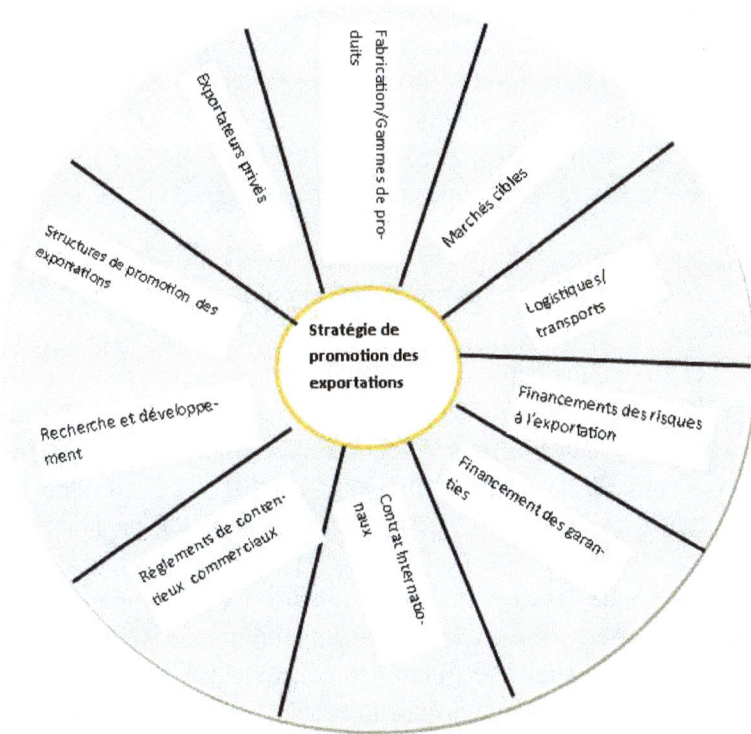

La roue stratégique détermine les segments de la chaine de valeur à promouvoir dans le cadre de la mise en œuvre d'une stratégie de promotion des exportations.

## 1.3. Analyse de la chaine de valeur des produits d'exportation agricoles : Cas de la mangue fraiche et du sésame

### 1.3.1. Analyse de la chaine de valeur des exportations de la mangue fraiche Burkinabè

Dans ce chapitre, nous traiterons de l'exportation de la mangue fraiche comme priorité dans la SNE. Selon le rapport de APEX (Faso A. B.), la production annuelle de la mangue au Burkina Faso représente entre 11 à 18% de la production totale ouest africaine. Elle était estimée à environ 200 000 tonnes en 2018.

Les principales destinations à l'exportation sont :
- La mangue fraiche à destination de l'UE ;
- La mangue fraiche à destination de l'Afrique continentale ;

- La mangue séchée à destination du marché international ;
- La mangue transformée en purée et en nectar à destination de l'UE.

Notons toutefois que les exportations de mangue transformée en purée et en nectar sont quasiment inexistantes et ne représentaient en valeur, sur la période de 2017 à 2021, que : 132 000 USD en 2017, 92 000 USD en 2018, 315 000 USD en 2019, 226 000 USD en 2020 et 140 000 USD en 2021[71]. Ceci souligne le faible niveau de développement de ce secteur de l'agro-industrie de transformation.

### 1.3.1.1. *Analyse des exportations de mangue fraiche vers le marché mondial*

Entre 2002 et 2021, l'évolution des exportations de mangue fraiche a connu une croissance en quantités et en valeur marquée par des fluctuations au cours de la période. Tel que l'indique la figure 7 ci-après, les tendances ont été croissantes et évolutives entre 2005 et 2007, 2010 et 2012, 2015 et 2016, mais avec une chute de production entre 2017 et 2021. En termes de valeur, nous observons une croissance tendancielle sur l'ensemble de la période. Toutefois, l'évolution du taux de croissance des exportations en valeur est moins importante que celle des quantités exportées, ce qui traduit une diminution tendancielle du prix de la mangue en valeur unitaire et une dépréciation des prix sur le marché international. En 2018, sur une production totale estimée à 200 000 tonnes de mangue fraiche, seulement 10 000 tonnes environ ont été exportées vers le monde, ce qui ne représente que 5% de la production totale. Ceci s'explique par le fait que, malgré la diversité des variétés de mangues produites dans le pays, une catégorie seulement de mangue semble correspondre aux besoins de la demande internationale. Il s'agit principalement de la variété Kent suivie des variétés Lippens, Amélie, Brooks, Kent, Keitt, Valencia, Springfield.

---

[71] Sources : https://www.trademap.org/Country. Code : 200899. Consulté le 07/05/2023.

**Les figures 7 et 8 présentent l'évolution des exportations de mangue fraiche du Burkina Faso vers le monde en quantité et en valeur de 2002 à 2021.**

**Figure 6 : Evolution des exportations de mangues fraiches et séchées du Burkina Faso vers le monde en tonnes (2002-2021)**

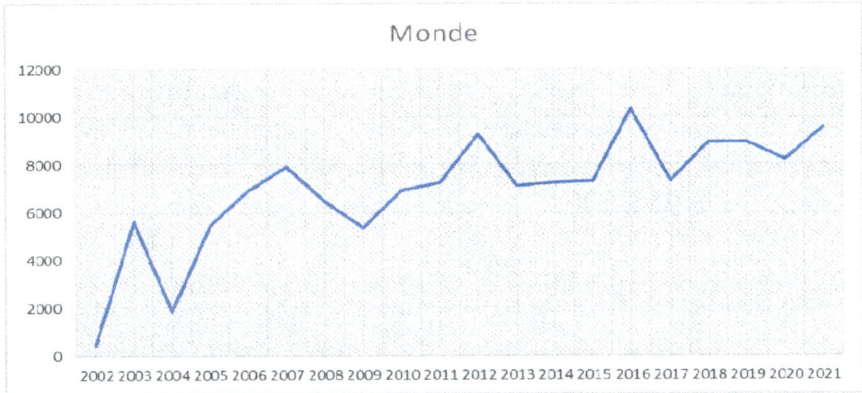

Sources : Calculs du CCI sur la base des statistiques de <u>UN COMTRADE</u> jusqu'à janvier 2007. Calculs du CCI sur la base des statistiques de <u>Direction Générale des Douanes</u> depuis janvier 2007.

**Figure 7 : Evolution des exportations de mangues fraiches et séchées du Burkina Faso vers le monde en milliers de dollars US (2002-2021)**

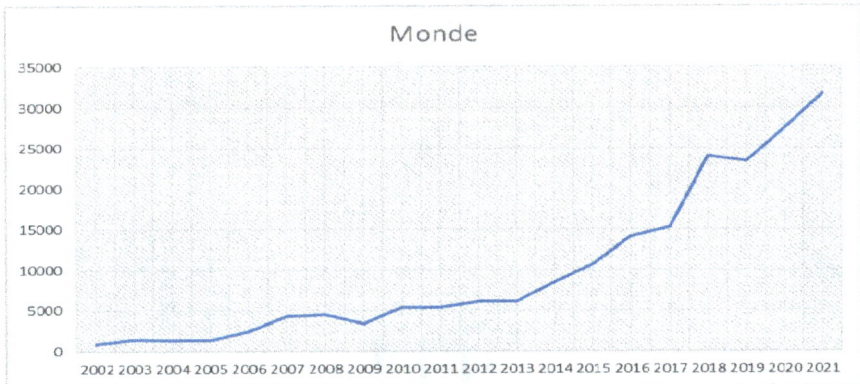

Sources : Calculs du CCI sur la base des statistiques de <u>UN COMTRADE</u> jusqu'à janvier 2007. Calculs du CCI sur la base des statistiques de <u>Direction Générale des Douanes</u> depuis janvier 2007.

### 1.3.1.2. Analyse des exportations de mangue fraiche sur le marché communautaire de la CEDEAO

Le Burkina Faso exporte principalement de la mangue fraiche sur le marché régional, toutefois, sur la période de 2002 à 2021, les exportations de mangue fraiche sur ce marché restent très faibles, comparativement au marché international qui est dominé par celui de l'UE. Sur l'ensemble des pays membres de la CEDEAO, le Ghana et la Côte d'Ivoire sont les principaux pays de destination, avec respectivement 14,6% et 6,3% du volume des exportations du Burkina Faso vers la CEDEAO. Sur ce plan, on peut remarquer que plusieurs pays membres de la CEDEAO sont producteurs et sont donc concurrents du Burkina Faso. En absence de produits issus de la transformation, qui renforceraient des stratégies de différentiation des produits, les perspectives de positionnement sur marché régional pour la mangue fraiche burkinabè reste faibles.

**La figure 8 et le tableau 16 ci-dessous présentent les données statistiques des exportations du Burkina Faso vers le marché régional de la CEDEAO.**

**Figure 8 : Marchés importateurs de goyaves, mangues et mangoustans (Produit : 080450) du Burkina Faso par la CEDEAO en tonnes (2002-2021) /**

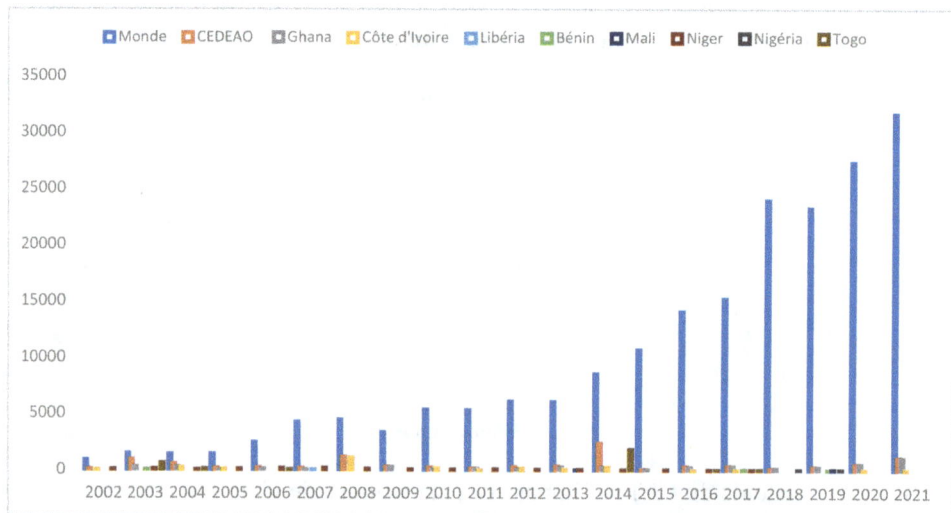

Sources : Calculs du CCI sur la base des statistiques de **UN COMTRADE** jusqu'à janvier 2007. Calculs du CCI sur la base des statistiques de **Direction Générale des Douanes** depuis janvier 2007.

**Tableau 16 : Marchés régionaux importateurs de goyaves, mangues et mangoustans, frais ou secs (Produit : 080450) du Burkina Faso en 1 000 USD (2021)**

| Importateurs | Valeur exportée en 2021 (milliers USD) | Balance commerciale en 2021 (milliers USD) | Répartition des exportations pour le Burkina Faso (%) | Part du Burkina Faso dans les importations du partenaire (%) | Quantité exporté en 2021 | Valeur unitaire (USD/unité) | Taux de croissance des valeurs exportées entre 2017-2021 (%, p.a.) | Taux de croissance des quantités exportées entre 2017-2021 (%, p.a.) | Taux de croissance des valeurs exportées entre 2020-2021 (%, p.a.) | Rang des pays partenaires dans les importations mondiales | Part des pays partenaires dans les importations mondiales (%) | Taux de croissance des importations globales des pays partenaire entre 2017-2021 (%, p.a.) | Distance moyenne entre les pays partenaires et tous leurs marchés fournisseurs (km) | Concentration des fournisseurs des pays partenaires | Tarif moyen (estimé) rencontré par le Burkina Faso (%) | Nombre d'exigences tarifaires rencontrées par le Burkina Faso |
|---|---|---|---|---|---|---|---|---|---|---|---|---|---|---|---|---|
| Monde | 31694 | 31623 | 100 | | 9546 | 3320 | 17 | 5 | 16 | | 100 | 10 | | | | |
| CEDEAO | 1115 | 1111 | 3,5 | 7,5 | 1305 | 854 | | | | | | | | | | |
| Ghana | 1079 | 1075 | 3,4 | 14,8 | 883 | 1222 | 49 | -13 | 116 | 46 | 0,2 | 10 | 2023 | 0,24 | 0 | |
| Côte d'Ivoire | 36 | 36 | 0,1 | 6,3 | 422 | 85 | 56 | 123 | 112 | 88 | 0,01 | 232 | 481 | 0,87 | 0 | 2 |
| Mali | | -3 | | | | | | | | 159 | 0 | 25 | 2150 | 0,39 | 0 | 14 |
| Sénégal | | -63 | | | | | | | | | | | | | 0 | 12 |
| Nigéria | | | | | | | | | | 89 | 0,01 | 151 | 10496 | 0,78 | 0 | 32 |
| Niger | | | | 80,4 | | | | | | 110 | 0 | 2 | 733 | 0,67 | 0 | 10 |
| Cabo Verde | | | | | | | | | | 134 | 0 | -23 | 2970 | 0,91 | 0 | |
| Guinée | | | | | | | | | | 144 | 0 | | 13474 | 1 | 0 | 16 |
| Bénin | | | | | | | | | | 148 | 0 | 87 | 362 | 0,91 | 0 | |
| Sierra Leone | | | | | | | | | | 150 | 0 | -11 | 9619 | 1 | 20 | |
| Gambie | | | | | | | | | | 166 | 0 | 63 | 5156 | 0,68 | 0 | |

Sources : Calculs du CCI sur la base des statistiques de UN COMTRADE jusqu'à janvier 2007.Calculs du CCI sur la base des statistiques de Direction Générale des Douanes depuis janvier 2007.

### 1.3.1.3. Analyse des exportations de mangue fraiche sur le marché de l'UE (27)

Une grande partie des exportations de mangue fraiche du Burkina Faso s'effectue vers les marchés de l'UE. Dans la figure 9 ci-dessous, on observe une tendance croissante des flux d'exportation, entre 2002 et 2021, aussi bien des flux globaux vers le monde que des flux vers l'UE, avec un faible écart entre les deux. Ainsi, en 2019, les exportations vers le monde s'établissaient à 23 millions de dollars US tandis que celles expédiées vers l'UE atteignaient 16 millions de dollars US. L'UE constitue donc la principale destination exportations de la mangue fraiche burkinabè.

**Figure 9 : Evolution des flux d'importation de goyaves, mangues et mangoustans (Produit : 080450) du Burkina Faso dans l'UE (27) et le monde en millions USD (2002-2021).**

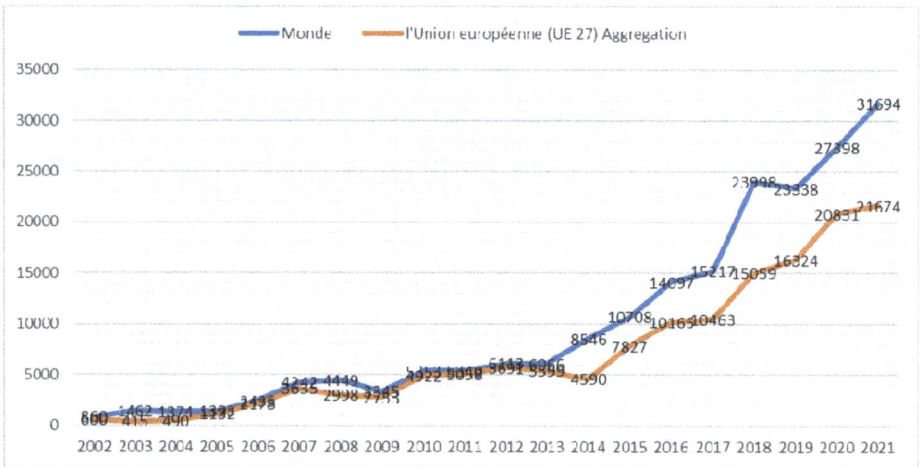

Sources : Calculs du CCI sur la base des statistiques de UN COMTRADE jusqu'à janvier 2007. Calculs du CCI sur la base des statistiques de Direction Générale des Douanes depuis janvier 2007.

Comme l'indique le tableau 18 ci-après, en 2021, les principaux pays de l'UE importateurs de mangue fraiche burkinabè sont caractérisés par les données suivantes :

- **Les Pays-Bas** : Au 3ème rang de destination mondiale de la mangue fraiche burkinabè, représentant 17,6% des exportations en valeur et 0,24 de concentration des fournisseurs burkinabè ;

- **L'Allemagne** : Au 4<sup>ème</sup> rang de destination mondiale de la mangue fraiche burkinabè, représentant 20% des exportations en valeur et 0,2 de concentration des fournisseurs burkinabè ;

- **Le Royaume-Uni** : Au 5<sup>ème</sup> rang de destination mondiale de la mangue fraiche burkinabè, représentant 17,5% des exportations en valeur et 0,11 de concentration des fournisseurs burkinabè ;

- **La Belgique** : Au 13<sup>ème</sup> rang de destination mondiale de la mangue fraiche burkinabè, représentant 10,2% des exportations en valeur et 0,12 de concentration des fournisseurs burkinabè ;

- **L'Espagne** : Au 8<sup>ème</sup> rang de destination mondiale de la mangue fraiche burkinabè, représentant 9,3% des exportations en valeur et 0,31 de concentration des fournisseurs burkinabè ;

- **La France** : Au 6<sup>ème</sup> rang de destination mondiale de la mangue fraiche burkinabè, représentant 6,7% des exportations en valeur et 0,15 de concentration des fournisseurs burkinabè ;

- **L'Italie** : Au 19<sup>ème</sup> rang de destination mondiale de la mangue fraiche burkinabè, représentant 4,6% des exportations en valeur et 0,19 de concentration des fournisseurs burkinabè.

Il est à noter que dix-sept (17) barrières non-tarifaires, spécifiques au marché communautaire, s'imposent à l'entrée de chacun de ces pays.

Ces données indiquent que les pays de l'UE occupent une place très importante dans les importations de la mangue fraiche du Burkina Faso. La concentration des fournisseurs burkinabè y est élevée et les sept (7) pays cités ci-dessus représentent 85,6% des exportations du pays. Ceci indique que, sur le moyen terme, le marché européen constitue un facteur qui va durablement influencer la stratégie du Burkina Faso en matière d'exportation pour ce produit.

**Le tableau 18 ci-dessous présente les indicateurs des exportations de mangue fraîche du Burkina Faso vers les pays de l'UE et vers d'autres régions du monde.**

## Tableau 17: Marchés mondiaux importateurs de dattes, figue, avocat, goyave, mangues fraiches et séchées (Produit : 080450) du Burkina Faso en 1 000 USD (2021)

| Importateurs | Valeur exportée en 2021 (milliers USD) | Balance commerciale en 2021 (milliers USD) | Répartition des exportations pour le Burkina Faso (%) | Part de le Burkina Faso dans les importations du partenaire (%) | Quantité exportée en 2021 (Tonnes) | Unité de quantité | Valeur unitaire (USD/unité) | Taux croissance des valeurs exportées entre 2017-2021 (%, p.a.) | Taux croissance des quantités exportées entre 2017-2021 (%, p.a.) | Taux croissance des valeurs exportées entre 2020-2021 (%, p.a.) | Rang des pays partenaires dans les importations mondiales | Part des pays partenaires dans les importations mondiales (%) | Taux croissance des importations globales du pays partenaire entre 2017-2021 (%, p.a.) | Distance moyenne entre les pays partenaires et tous leurs marchés fournisseurs (km) | Concentration des fournisseurs des pays partenaires | Tarif moyen (estimé) rencontré par le Burkina Faso (%) | Nombre d'exigences non tarifaires rencontrées par le Burkina Faso |
|---|---|---|---|---|---|---|---|---|---|---|---|---|---|---|---|---|---|
| Monde | 31694 | 31623 | 100 | | 9546 | T | 3320 | 17 | 5 | 16 | | 100 | 10 | | | | |
| Principaux pays de destination dans l'UE | | | | | | | | | | | | | | | | | |
| Allemagne | 6340 | 6340 | 20 | 4,6 | 1300 | T | 4877 | 22 | 25 | -8 | 4 | 5,8 | 4 | 7904 | 0,2 | 0 | 17 |
| Pays-Bas | 5591 | 5591 | 17,6 | 2,8 | 2929 | T | 1909 | -5 | 1 | 69 | 3 | 8,5 | 11 | 8026 | 0,24 | 0 | 17 |
| Royaume-Uni | 5562 | 5562 | 17,5 | 2 | 567 | T | 9810 | 4 | 7 | 118 | 5 | 5,4 | 5 | 6544 | 0,11 | 0 | 17 |
| Belgique | 3230 | 3230 | 10,2 | 2,3 | 410 | T | 7878 | 331 | 40 | -31 | 13 | 1,7 | 9 | 3987 | 0,12 | 0 | 17 |
| Espagne | 2934 | 2934 | 9,3 | 2,4 | 279 | T | 10516 | 95 | 50 | -10 | 8 | 3,1 | 11 | 7368 | 0,31 | 0 | 17 |
| France | 2113 | 2113 | 6,7 | 1,4 | 1189 | Tonnes | 1777 | 7 | -13 | 43 | 6 | 3,7 | 3 | 5916 | 0,15 | 0 | 17 |
| Italie | 1466 | 1466 | 4,6 | 3,1 | 164 | T | 8939 | 17 | 19 | 21 | 19 | 1 | 10 | 2159 | 0,19 | 0 | 17 |
| Principaux pays de destination hors UE | | | | | | | | | | | | | | | | | |
| Canada | 1324 | 1324 | 4,2 | 1 | 130 | T | 10185 | 107 | 44 | 553 | 7 | 3,3 | 8 | 5376 | 0,36 | 0 | 35 |
| Ghana | 1079 | 1075 | 3,4 | 14,8 | 883 | T | 1222 | 49 | -13 | 116 | 46 | 0,2 | 10 | 2023 | 0,24 | 0 | |
| Türkiye | 894 | 894 | 2,8 | 21,4 | 80 | T | 11175 | | | -17 | 53 | 0,1 | 88 | 6778 | 0,13 | 45 | |
| Maroc | 632 | 632 | 2 | 8,5 | 1077 | T | 587 | 9 | 1 | 1083 | 43 | 0,2 | 7 | 3159 | 0,23 | 0 | 52 |
| USA | 320 | 320 | 1 | 0,2 | 30 | T | 10667 | -11 | -15 | -84 | 1 | 19,3 | 6 | 4348 | 0,32 | 0 | 135 |
| Suisse | 109 | 109 | La 0,3 | 2,3 | 61 | T | 1787 | -34 | 2 | 54 | 16 | 1,2 | 4 | 6801 | 0,13 | 0 | 42 |
| Japon | 50 | 50 | 0,2 | 0,2 | 9 | T | 5556 | 37 | 34 | 6 | 20 | 0,9 | 4 | 7951 | 0,23 | 0 | 39 |
| Arabie saoudite | 10 | 10 | 0 | | 15 | T | 667 | | | | 14 | 1,7 | 7 | 2037 | 0,26 | 0 | 270 |
| Libye, Etat de | 5 | 5 | 0 | 0,2 | 2 | T | 2500 | | | 326 | 61 | 0,08 | 124 | 4672 | 0,7 | 0 | |
| Chine | | | | | | | | | | | 2 | 18,6 | 47 | 2985 | 0,81 | 15 | 540 |

Sources : Calculs du CCI sur la base des statistiques de UN COMTRADE jusqu'à janvier 2007Calculs du CCI sur la base des statistiques de Direction Générale des Douanes depuis janvier 2007..

### 1.3.1.4. *Profil des principales entreprises burkinabè exportatrices de mangue fraiche vers l'UE*

Une étude récente sur la filière mangue dans les zones de production (Régions des Hauts Bassins, des Cascades et du Centre) a permis d'identifier quatorze (14) principales sociétés exportatrices de mangue fraiche installées sur le territoire national (AgroDev, 2020).

**Tableau 18 : Listes des exportateurs des produits de la mangue au Burkina Faso**

| N° | Entreprises | Produits | Localité |
|----|-------------|----------|----------|
| 1 | FANTIC | Mangue séchée, Bissap | Bobo Dioulasso |
| 2 | TIMINI | Mangue séchée | Bobo Dioulasso |
| 3 | SANLE | Mangue séchée et fraiche | Banfora |
| 4 | RANCH KOBA | Mangue séchée et fraiche | Bobo Dioulasso |
| 5 | ASSOCIATION WOOL | Mangue séchée | Bérégadougou |
| 6 | GEBANA | Mangue séchée et fraiche | Bobo Dioulasso |
| 7 | GROUPE WAKA | Mangue séchée | Ouagadougou |
| 8 | HOUET SELECT | Mangue fraiche | Bobo Dioulasso |
| 9 | AGRO BURKINA | Mangue séchée et fraiche | Bobo Dioulasso |
| 10 | BURKINATURE | Mangue séchée et fraiche | Bobo Dioulasso |
| 11 | FASO MANGORO | Mangue fraiche | Bobo Dioulasso |
| 12 | STGF | Mangue fraiche | Bobo Dioulasso |
| 13 | GTT EXPORT | Mangue fraiche | Bobo Dioulasso |
| 14 | GIFU AGRI | Mangue fraiche | Bobo Dioulasso |
| 15 | DAFANI SA | Pulpe | Orodara |

Sources : Rapport d'études sur la filière mangue dans les régions des Hauts Bassins, des Cascades et du Centre (Agrodev 2020).

Sur l'ensemble des quinze (15) entreprises exportatrices, cinq (5) sont spécialisées dans la mangue fraiche, quatre (') dans la mangue séchée, cinq (5) dans la mangue fraiche et séchés et une (1) seule fabrique de la pulpe de mangue.

Ces entreprises exportatrices sont de type artisanal. La plupart d'entre elles mènent leurs activités de manière périodique, en fonction des saisons de production qui ne durent environ que quatre mois sur douze. Elles ne disposent en général pas de système d'organisation spécialisé pour assurer le commerce international et rencontrent d'énormes difficultés dans leurs activités, de sorte qu'elles dépendent des règles fixées par les importateurs lors des transactions.

### 1.3.1.5. *Problématiques de la qualité de la mangue et de la politique de fixation des prix*

Rappelons que l'avantage concurrentiel sur le marché international peut être obtenu par la réduction des coûts d'exploitation ou par la différentiation des produits. Dans le cas de la mangue fraiche, la gamme de variétés produites destinées à l'exportation est limitée, en raison des capacités limitées des structures de recherche sur les nouvelles variétés et des planteurs pour s'engager dans la diversification de la production.

De plus, les coûts d'approvisionnement et le prix de vente par l'exportateur dépendent de leurs rapports, en amont avec les cueilleurs-collecteurs (ou pisteurs) locaux dans les champs et en aval, avec les intermédiaires européens qui assurent les ventes sur le marché international (Sarl, 2008). Le transport vers le marché international étant soumis au transport aérien, les coûts de revient comparatifs restent plus élevés que ceux des pays côtiers concurrents qui utilisent en général le transport maritime pour le même type de produit.

**Le tableau 20 ci-après présente la structure des coûts à l'approvisionnement et à la vente par l'exportateur national.**

**Tableau 19 : Structure des coûts par voie aérienne chez l'exportateur vers le marché européen**

| Produit bord champ chez le planteur | Achat par le collecteur ou le pisteur |
|---|---|
| Services de regroupement de la production :<br>- Récolte des mangues<br>- Tri des mangues<br>- Location de camionnette pour le regroupement<br>- Location de camion pour l'évacuation au lieu de stockage de l'exportateur | Coûts intermédiaires à la charge du collecteur ou du pisteur |
| Activités de l'exportateur :<br>- Acquisition du produit<br>- Stockage, tri et nettoyage<br>- Conditionnement et emballage<br>- Transport aérien<br>- Charges administratives (autorisation et autres frais) | Coûts directs d'acquisition du produit et de mise en conditionnement et transport aérien |
| Autres coûts non définis à l'avance en Europe | Commission de l'importateur européen (en général un intermédiaire commercial) |
| Risque commercial en Europe (non défini à l'avance) | Prise en charge par l'exportateur |
| Vente du produit sur le marché européen | Vente à la bourse et prix final non défini à l'avance<br>Faible marge pour l'exportateur et risque élevé d'endettement |

Sources : PAFASP, 2008

**Commentaires du tableau 20 :**

Dans le système d'approvisionnement et de mise en marché des mangues fraîches, on constate un faible niveau de maitrise des coûts d'approvisionnement. De plus, les prix de vente internationaux dépendent des relations de transparence entretenues entre l'exportateur et l'intermédiaire commercial européen. Cette faiblesse au niveau des capacités des exportateurs à maitriser les coûts de transaction est liée à plusieurs facteurs : le manque de compétence commerciale, le manque de moyens financiers, les problèmes liés aux moyens logistiques et au transport etc.

### 1.3.1.6. Contrats commerciaux, moyens de financement et transport international

La mangue fraiche est classée dans la catégorie des denrées périssables. De ce fait, en l'absence de système de garantie, l'ensemble du risque de financement et du risque commercial sont à la charge de l'exportateur. L'acheteur européen qui joue le rôle d'intermédiaire sur le marché n'assure que les opérations de vente. Toutefois, dans la majorité des cas, celui-ci assure le plus souvent le préfinancement de nombreux services, en vue de faciliter l'accès sur le marché européen, comme le préfinancement des frais de transport aérien et des activités de vente et de distribution. Cette position fragilise les acteurs nationaux lors des négociations commerciales. Ainsi, face aux multiples risques et en l'absence de mécanisme de couverture des risques et de financement spécifique des exportations, il est difficile pour eux d'accéder aux crédits bancaires.

**Tableau 20 : Principaux risques économiques et financiers limitant les exportations de mangue fraiche**

| Domaines de risques | Types de risques économiques et financiers |
|---|---|
| Risques liés à l'exportation | - Mauvaise qualité des produits et détérioration des produits<br>- Insolvabilité de l'exportateur<br>- Non-recouvrement des recettes à l'international<br>- Non-respect des termes du contrat par les contractants<br>- Non-maîtrise des prix internationaux et de la traçabilité des ventes du produit à l'extérieur<br>- Déficit d'informations commerciales<br>- Changements de statut juridique des entreprises d'exportation pour échapper aux dettes |
| Risques liés à l'encadrement des producteurs | - Inorganisation des planteurs<br>- Faiblesse de l'encadrement<br>- Non-respect des calendriers culturaux |
| Risques liés à la récolte et au stockage post-récolte | - Accès difficile et éloignement des champs<br>- Problèmes de récolte et de stockage bord champ<br>- Problèmes de vente et de prix entre planteurs et collecteurs<br>- Déficit de communication commerciale |

Sources : PAFASP, 2008.

### 1.3.1.7. *Exportations du Burkina Faso face à la concurrence des pays de la CEDEAO*

Les exportations de mangue fraiche burkinabè vers le marché communautaire de la CEDEAO sont confrontées à la concurrence des pays membres qui, au même titre que le Burkina Faso, produisent le même produit pour satisfaire leur marché intérieur et pour l'exportation vers le marché international. Face à cette situation, l'exportation des produits issus de la transformation de la mangue (de l'agro-industrie) revêt toute son importance.

En 2021, en termes de classement de pays exportateurs de mangue fraiche pour les pays de la CEDEAO, le Ghana occupait le 1er rang dans l'espace communautaire, le Burkina Faso le 2ème rang, la Côte d'Ivoire le 3ème rang, le Sénégal le 4ème rang et le Mali le 5ème rang.

Le tableau 22 ci-dessous présente les indicateurs relatifs aux exportations des pays producteurs de mangue fraiche de la CEDEAO et concurrents du Burkina Faso sur leur marché intérieur et à l'export.

**Tableau 21 : Pays de la CEDEAO exportateurs de goyaves, mangues et mangoustans, frais ou secs (Produit : 080450) en 1 000 USD (2021) ()**

| Pays Exportateurs | Valeur exportée en 2021 (milliers USD) | Balance commerciale 2021 (milliers USD) | Quantité exportée en 2021 | Valeur unitaire (USD) | Taux de croissance annuelle en valeur entre 2017-2021 (%) | Taux de croissance annuelle en quantité entre 2017-2021 (%) | Taux de croissance annuelle en valeur entre 2020-2021 (%) | Part dans les exportations mondiales (%) | Distance moyenne des pays importateurs (km) | Concentration des pays importateurs |
|---|---|---|---|---|---|---|---|---|---|---|
| Monde | 3960876 | -287609 | 0 | | 8 | 7 | 9 | 100 | 3571 | 0,09 |
| CEDEAO | 163802 | 154926 | | | | | | 4,1 | | |
| Ghana | 66589 | 59283 | 10242 | 6502 | 14 | 14 | 31 | 1,7 | 5059 | 0,4 |
| Burkina Faso | 31694 | 31623 | 9546 | 3320 | 17 | 5 | 16 | 0,8 | 4315 | 0,13 |
| Côte d'Ivoire | 30489 | 29890 | 47321 | 644 | 4 | 1 | 40 | 0,8 | 4714 | 0,18 |
| Sénégal | 22710 | 22710 | 27475 | 827 | 9 | 10 | 58 | 0,6 | 3936 | 0,18 |
| Mali | 12203 | 12191 | 14615 | 835 | 2 | 3 | -26 | 0,3 | 3848 | 0,18 |
| Guinée | 85 | 60 | 54 | 1574 | -42 | -37 | -64 | 0 | 6325 | 0,4 |
| Sierra Leone | 23 | 2 | 10 | 2300 | 42 | | 102 | 0 | 4504 | 1 |
| Bénin | 8 | -14 | 21 | 381 | | | | 0 | 173 | 1 |
| Niger | 1 | -208 | 10 | 100 | -65 | -55 | | 0 | 2456 | 1 |

Sources : Calculs du CCI sur la base des statistiques de UN COMTRADE jusqu'à janvier 2007. Calculs du CCI sur la base des statistiques de Direction Générale des Douanes depuis janvier 2007.

### 1.3.1.8. Importations de produits dérivés de la mangue dans l'espace communautaire de la CEDEAO et barrières d'entrée sur le marché

La transformation locale de la mangue fraîche, notamment le jus de mangue, pourrait constituer, en termes de perspectives, une opportunité pour les pays de la CEDEAO et leur permettre l'acquisition de produits de substitution au bénéfice de leur économie nationale. Cela est également vrai pour d'autres types de fruits et de légumes.

En effet, comme le montre la figure 10 ci-dessous, les importations de jus de fruits ou de légumes par les pays de la CEDEAO ces dernières années s'accroissent et atteignent plus de 10 millions de dollars US par an (10 838 000 $ US en 2018, 13 554 000 $ US en 2019, 12 302 000 $ US en 2020 et 13 430 000 $ US en 2021).

Parmi ces pays, les plus gros importateurs par ordre décroissant sont : le Cap Vert, le Ghana, le Sénégal, le Nigeria, la Guinée Bissau, la Côte d'Ivoire, le Mali, le Burkina Faso, le Niger, la Guinée Conakry et le Togo. Les importations du Bénin et du Liberia restent faibles sur la période.

**Figure 10 : Pays de la CEDEAO importateurs de jus de fruits ou de légumes, non fermentés, sans addition d'alcool (Produit : 200989) en 1 000 USD (2018-2021)**

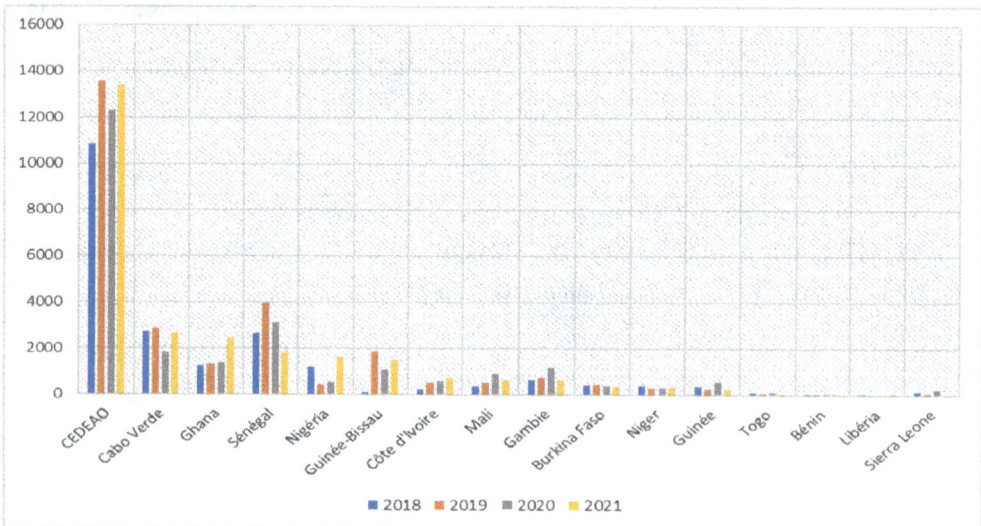

Sources : Trade map 2023

### 1.3.2. Analyse de la chaine de valeur des exportations de sésame

Au Burkina Faso, le sésame est cultivé par les petits paysans généralement en monoculture ou en association avec d'autres cultures, notamment avec les céréales pendant la saison pluvieuse. C'est une activité saisonnière dont la production constitue une source de revenus monétaires secondaires pour les ménages. Il fait partie de la famille des oléagineux. Les grains de sésame (MAAHA, 2020) au cours des dernières années constituent le troisième produit agricole d'exportation du Burkina Faso après le coton et la noix de cajou. Malgré l'importance de cette production, le pays ne dispose pas encore d'huilerie spécialisée dans la transformation de graines de sésame et l'on ne trouve que des unités de nettoyage et de conditionnement pour l'exportation. Plusieurs sources estiment que, selon les années, les quantités de graines de sésame exportées varient entre 16 % et 68% de la production totale.

En effet, le secteur des exportations est règlementé par l'Etat et, depuis 2015, les exportateurs de sésame sont soumis au respect d'un cahier de charges établi par le gouvernement par « *Arrêté interministériel N°2015-203/MARHASA/MICA/MS/MRSI/MEF portant définition des conditions de contrôles de la qualité du sésame d'origine burkinabè destiné à l'exportation (MAAH, 2015)* ». Ce cahier de charges définit le rôle et le champ d'activités de chaque catégorie d'acteurs.

L'encadré 5 ci-dessous présente le rôle des catégories d'acteurs de la chaine de valeur de commercialisation et distribution du sésame.

**Encadré 5 : Catégories d'acteurs de la chaine de valeur des exportations des graines de sésame**

- **L'exportateur de sésame** : Personne physique ou morale dont l'activité professionnelle principale est consacrée à l'achat, à la collecte, au conditionnement, au transport et à l'exportation du sésame burkinabè vers des pays tiers. Il doit disposer d'un agrément d'exportateur pour exercer son activité.

- **Le collecteur de sésame** : Personne physique ou morale dont l'activité professionnelle principale est consacrée à la collecte du sésame auprès des producteurs et à son assemblage en vue de céder à des acheteurs.

- **L'acheteur** : Personne physique ou morale disposant d'un agrément d'acheteur dont l'occupation professionnelle est l'achat du sésame pour la revente sur le territoire national.

- **Le conditionneur** : Personne physique ou morale dont l'activité professionnelle est consacrée au conditionnement, à la mise en sac du sésame dans le but de la commercialisation.

- **Le transporteur** : Transporteur professionnel qui s'engage à respecter les termes du cahier de charges du sésame qui permet de préserver et de garantir la qualité du sésame lors du transport.

Le système d'approvisionnement du sésame s'opère à travers des réseaux commerciaux de collecte et de regroupement du produit, qui animent les marchés primaires et secondaires jusqu'aux entrepôts de l'exportateur. Les collecteurs agréés constituent la première catégorie d'intermédiaires qui assurent les achats dans les marchés primaires ou bord champ. Ils revendent aux acheteurs agréés sur les marchés secondaires ou de regroupement. Les acheteurs agréés revendent à leur tour le sésame de meilleure qualité aux exportateurs ; le reste étant vendu pour la consommation nationale.

Malgré les tentatives de l'Etat pour organiser ce secteur d'activités, on observe une domination des activités d'économies parallèles, développées en raison des difficultés liées aux réalités socioéconomiques et à la pratique du système traditionnel de commerce, qui caractérisent les pratiques commerciales dans la société burkinabè, notamment celles des commerçants de céréales (mil, sorgho, maïs). Cela s'explique par le fait que le sous-système constitué par les réseaux du commerce parallèle permet de réaliser à moindre coût les activités de collecte et d'acheminement jusqu'aux entrepôts du lieu d'exportation.

**Figure 11 : Evolution de la production totale de graines de sésame au Burkina Faso en tonnes (2011-2020)**

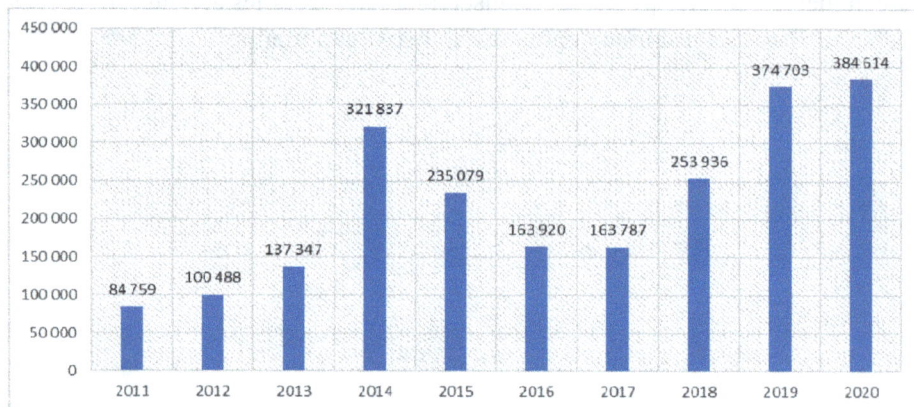

Sources : MAAHA, Annuaire des statistiques agricoles 2020.

**Commentaires de la figure 11 :**

Les quantités de sésame produites montrent une tendance générale à la hausse entre les années 2011 et 2020, mais elles connaissent toutefois de fortes fluctuations. Estimées à 84 759 tonnes en 2011, elles atteignaient 384 614 tonnes en 2020 (soit une croissance de 354 %), avec un pic de production à 321 837 tonnes en 2014 et une période basse en 2016 et 2017 (moins de 164 000 tonnes).

### 1.3.2.1. *Profil des principales entreprises burkinabè exportatrices de graines de sésame*

Le secteur des exportateurs du sésame est dominé par sept (7) sociétés regroupées au sein de l'association des exportateurs de produits oléagineux qui, en plus du sésame, réalisent diverses activités d'exportation de produits agricoles. Ce sont : l'AIEPO, l'UGCPA, VELGDA, GESB, OLAM et BURKINATURE, dont les caractéristiques sont présentées dans le tableau 23 ci-après.

**Tableau 22 : Principales sociétés exportatrices de graines de sésame du Burkina Faso**

| N° | Sociétés de commercialisation de sésame | Principales activités |
|---|---|---|
| 1 | AIEPO : Association des importateurs et exportateurs des produits oléagineux | Les membres commercialisent des produits agricoles et divers |
| 2 | ASIECRU : Association des importateurs et exportateurs des produits de cru | Les membres commercialisent des produits agricoles et divers |
| 3 | UGCPA : Union des groupements de commercialisation des produits agricoles | Les membres commercialisent des produits agricoles et divers |
| 4 | GROUP VELEGDA import-export: Société burkinabè | Production, collecte et commercialisation des céréales et des produits du cru (Sésame, Karité, hibiscus, Soja, Noix de cajou, Graines d'arachide, Graines de coton, Fleurs d'hibiscus, Gomme Arabique) à l'intérieur et à l'extérieur du pays |
| 5 | GESB : Groupement des exportateurs de sésame et autres produits oléagineux du Burkina | Les membres commercialisent des produits agricoles et divers |
| 6 | OLAM Burkina : Société burkinabè et filiale du groupe OLAM International dont le siège se trouve à Singapour | Principale société exportatrice de sésame vers les pays d'Asie |
| 7 | BURKINATURE : Société burkinabè | Exportation de produits certifiés biologiques (mangue fraiche, mangue séchée et sésame bio) |

**Commentaires du tableau 24 :**

La plupart des sociétés du secteur du commerce du sésame pratiquent en général le commerce de plusieurs produits agricoles et n'ont pas de domaine de spécialisation particulière. Sur les sept (7) sociétés actives, quatre (4) sont des regroupements de petites entreprises dont la pratique commerciale se limite à des achats et ventes sur le marché national.

Dans le secteur des exportations, les leaders sont la société OLAM Burkina et la société VELGEDA qui disposent de réelles capacités d'exportation. Leur mode opératoire est basé sur l'intégration en amont du système de collecte, de nettoyage et de conditionnent. Elles emploient des intermédiaires de brousse, qui évoluent à travers des réseaux placés sous leur contrôle, et disposent de moyens logistiques et de transport pour l'évacuation des produits. Leur leadership dans le secteur des exportations du sésame se justifie par les flux élevés de quantités exportées vers le monde.

Malgré la volonté de l'Etat de soutenir la filière sésame, les exportateurs sont confrontés à plusieurs difficultés :

- Les contraintes liées aux aléas climatiques qui déterminent les quantités de production ;

- La non-maîtrise des techniques culturales et des techniques de stockage post-récolte par les producteurs ;

- L'insuffisance d'organisation et de structuration des acteurs de la filière ;

- L'insuffisance de souffleries et plus généralement d'unités de traitement du sésame (nettoyage et conditionnement) ;

- Les coûts élevés des équipements de transformation, de l'énergie et du crédit ;

- La fiable disponibilité des infrastructures de stockage, d'équipements et de moyens logistiques appropriés ;

- Le faible niveau de traçabilité des produits du sésame (excepté la production biologique) ;

- La faible connaissance, par les acteurs, du système de fonctionnement du commerce international et de ses exigences ;

- Le non-respect des contrats par certains opérateurs.

### 1.3.2.2.    *Analyse des exportations de graines de sésame vers le marché asiatique*

Depuis 2008, les exportations de graines de sésame par le Burkina Faso a connu un essor commercial croissant jusqu'en 2015, année à partir de laquelle la situation d'insécurité que traverse le pays a ralenti la production nationale dans son ensemble et celle du sésame en particulier. Depuis lors, Le pays sera considéré par les agences de notation comme une destination à haut risque pour les partenaires étrangers.

En matière de débouchés, les statistiques montrent que la région de l'Asie constitue la principale destination des graines de sésame burkinabè. En effet, le marché asiatique représente près de 68,5% des quantités exportées. Dans cette part globale, Singapour constitue le premier partenaire commercial avec 29,4% des parts des importations asiatiques, suivi de la Chine avec 27,2%. En termes de marché potentiel plus élevé et non exploité pour le sésame du Burkina Faso, on peut citer le Japon, la Chine et l'Égypte. Les prévisions indiquent une possibilité de réaliser des importations supplémentaires équivalentes à 3,9 millions de dollars US sur ce marché potentiel[72].

**Les figures 12, 13 et le tableau 23 ci-dessous présentent les évolutions des exportations de graines de sésame burkinabè à travers le monde, en quantités et valeurs, ainsi que les indicateurs commerciaux des exportations.**

**Figure 12 : Evolution des importations de graines de sésame même concassées (Produit : 120740) du Burkina Faso dans le monde et en Asie (27) en tonnes (2002-2021).**

[72] https://exportpotential.intracen.org/fr/markets/gap-chart?fromMarker=i&exporter=854&whatMarker=k&what=080450&toMarker=j. Consulté le 10/05/2023

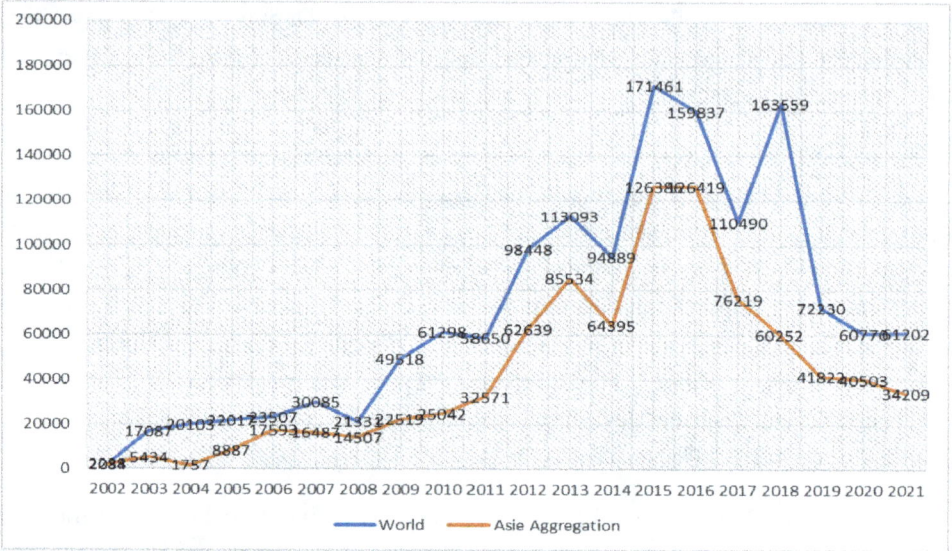

Sources : Calculs du CCI sur la base des statistiques de <u>UN COMTRADE</u> jusqu'à janvier 2007. Calculs du CCI sur la base des statistiques de <u>Direction Générale des Douanes</u> depuis janvier 2007.

**Figure 13 :**

**Evolution des importations de graines de sésame même concassées (Produit : 120740) du Burkina Faso dans le monde et en Asie (27) en 1 000 USD (2002-2021).**

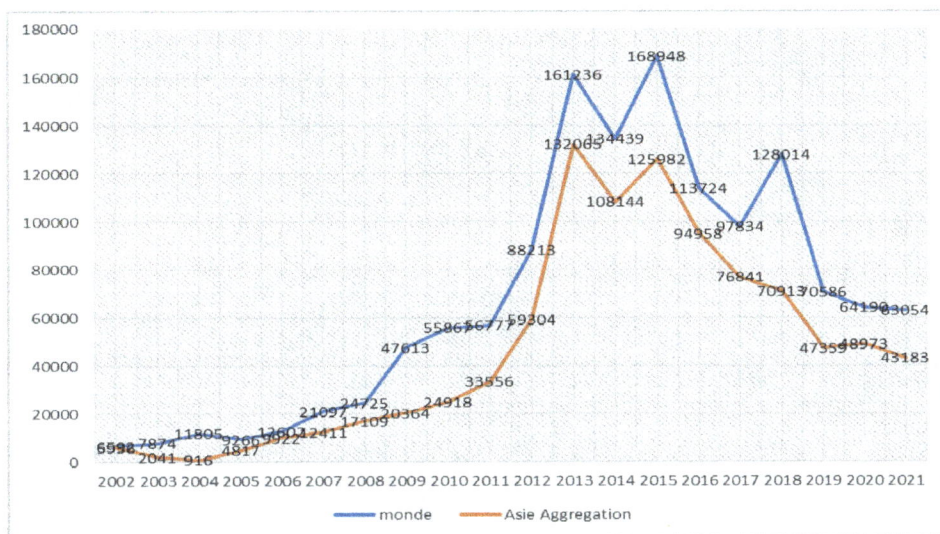

Sources : Calculs du CCI sur la base des statistiques de <u>UN COMTRADE</u> jusqu'à janvier 2007. Calculs du CCI sur la base des statistiques de <u>Direction Générale des Douanes</u> depuis janvier 2007.

**Tableau 23 : Indicateurs des marchés importateurs d'Asie de graines de sésame, même concassées (Produit : 120740) du Burkina Faso (2022)**

| Importers | Value exported in 2022 (USD thousand) | Trade balance 2022 (USD thousand) | Share in Burkina Faso's exports (%) | Quantity exported in 2022 | Unit value (USD/unit) | Ranking of partner countries in world imports | Share of partner countries in world imports (%) | Average tariff (estimated) faced by Burkina Faso (%) |
|---|---|---|---|---|---|---|---|---|
| World | 67,287 | 67,263 | 100 | 58,858 | 1,143 | | 100 | |
| Asia Aggregation | 60,363 | 60,362 | 89.7 | 46,186 | 1,307 | | | |
| Singapore | 54,982 | 54,982 | 81.7 | 41,046 | 1,340 | 31 | 0.3 | 0 |
| Japan | 2,678 | 2,678 | 4 | 2,326 | 1,151 | 3 | 8.4 | 0 |
| China | 1,347 | 1,346 | 2 | 1,816 | 742 | 1 | 47.1 | 5 |
| Hong Kong, China | 926 | 926 | 1.4 | 500 | 1,852 | 53 | 0.07 | 0 |
| United Arab Emirates | 360 | 360 | 0.5 | 198 | 1,818 | 14 | 1 | 5 |
| Korea, Democratic People's Republic of | 70 | 70 | 0.1 | 300 | 233 | 119 | 0 | |

Sources : Calculs du CCI sur la base des statistiques de UN COMTRADE jusqu'à janvier 2007. Calculs du CCI sur la base des statistiques de Direction Générale des Douanes depuis janvier 2007.

### 1.3.2.3. Exportations d'huile de sésame et dérivés vers le marché communautaire de la CEDEAO et le marché mondial et barrières d'entrée vers ces marchés

Malgré les quantités importantes de production de graines de sésame, le Burkina Faso ne produit pas d'huile de sésame et dérivés et en est importateur net, en plus d'autres catégories d'huile végétale pour le marché domestique intérieur. Bien que l'huile de sésame ne figure pas parmi les habitudes de consommation de la majorité des Burkinabè, mais cela ne justifie pas l'absence d'industries de transformation dans ce secteur. En conséquence, le pays reste en marge du marché communautaire et international pour le commerce de ces produits.

**Le tableau 25 ci-dessous compare les indicateurs commerciaux de l'huile de sésame du Burkina Faso par rapport à ceux de l'ensemble de la CEDEAO.**

**Tableau 24 : Indicateurs du commerce du commerce d'huile de sésame et autres huiles (Produit : 1515[73]) du Burkina Faso par rapport à ceux de la CEDEAO en 1 000 USD (2017-2021**

| Code produit | Libellé produit | Le Burkina Faso importe depuis la Communauté économique des Etats de l'Afrique l'Ouest (CEDEAO) | | | | | la Communauté Economique des Etats de l'Afrique l'Ouest (CEDEAO) exporte vers le monde | | | | | Le Burkina Faso importe depuis le monde | | | | |
|---|---|---|---|---|---|---|---|---|---|---|---|---|---|---|---|---|
| | | 2017 | 2018 | 2019 | 2020 | 2021 | 2017 | 2018 | 2019 | 2020 | 2021 | 2017 | 2018 | 2019 | 2020 | 2021 |
| '151590 | Graisses et huiles végétales et leurs fractions, fixes, même raffinées, mais non chimiquement ... | 30 | 0 | 69 | 0 | 0 | 91768 | 140489 | 119843 | 165237 | 162708 | 136 | 16 | 239 | 222 | 178 |
| '151550 | Huile de sésame et ses fractions, même raffinées, mais non chimiquement modifiées | 0 | 0 | 0 | 0 | 0 | 804 | 12964 | 11087 | 13581 | 15178 | 8 | 0 | 0 | 0 | 0 |

Sources : Calculs du CCI sur la base des statistiques de UN COMTRADE jusqu'à janvier 2007. Calculs du CCI sur la base des statistiques de Direction Générale des Douanes depuis janvier 2007.

---

[73] Produit 1515 : Graisses et huiles végétales - y.c. l'huile de jojoba - et leurs fractions, fixes, même raffinées, mais non chimiquement modifiées (à l'excl. des huiles de soja, d'arachide, d'olive, de palme, de tournesol, de carthame, de coton, de coco [coprah], de palmiste, de babassu, de navette, de colza ou de moutarde).

En-dehors de la CEDEAO, plusieurs pays présentent un potentiel de demande d'huile de sésame non exploité. Le tableau 26 ci-dessous présente les estimations du commerce potentiel non exploité avec ces pays importateurs.

**Tableau 25 : Pays importateurs d'huile de sésame et ses fractions, même raffinées, mais non chimiquement modifiées (Produit : 151550) en 1 000 USD (2021)**

| Importateurs | Valeur importée en 2021 | Balance commerciale en 2021 | Quantité importée en 2021 | Valeur unitaire (USD/unité) | Part dans importations mondiales (%) | Tarif moyen (estimé) appliqué par le pays (%) | Estimation du commerce potentiel non réalisé |
|---|---|---|---|---|---|---|---|
| Monde | 364 353 | -32 398 | 0 | | 100 | | |
| USA | 121 081 | -112 188 | 23 309 | 5 195 | 33,2 | 0,1 | *42 827* |
| Royaume-Uni | 21 210 | -16 938 | 4 498 | 4 715 | 5,8 | 1,9 | *10 539* |
| Canada | 18 327 | -18 312 | 3 549 | 5 164 | 5 | 4,5 | *8 632* |
| Pays-Bas | 17 162 | 1 668 | 3 434 | 4 998 | 4,7 | 1,9 | *7 848* |
| France | 16 512 | -7 513 | 3 085 | 5 352 | 4,5 | 1,9 | *7 078* |
| Australie | 13 538 | -13 452 | 2 628 | 5 151 | 3,7 | 0 | *5 416* |
| Allemagne | 13 473 | 1 986 | 2 792 | 4 826 | 3,7 | 1,9 | *6 927* |
| Singapour | 12 073 | 7 507 | 3 364 | 3 589 | 3,3 | 0 | *4 086* |
| Indonésie | 10 081 | -10 038 | 1 297 | 7 773 | 2,8 | 4,7 | *5 572* |
| Japon | 9 646 | 60 941 | 2 484 | 3 883 | 2,6 | 1,4 | *6 086* |
| Hong Kong | 8 807 | -5 651 | 2 386 | 3 691 | 2,4 | 0 | *4 070* |
| Taipei | 8 684 | 15 643 | 3 419 | 2 540 | 2,4 | 18,6 | *4 827* |
| Belgique | 7 284 | -2 408 | 1 118 | 6 515 | 2 | 1,9 | *1 748* |
| Suisse | 5 160 | -5 093 | 721 | 7 157 | 1,4 | 10,2 | *2 757* |
| Brésil | 5 044 | -4 857 | 907 | 5 561 | 1,4 | 9,5 | *3 409* |
| Emirats A.U. | 4 008 | -3 230 | 1 704 | 2 352 | 1,1 | 4,6 | *1 904* |
| Russie | 3 817 | -3 452 | 1 148 | 3 325 | 1 | 3,2 | *1 899* |
| Philippines | 3 693 | -3 693 | 1 734 | 2 130 | 1 | 2,8 | *2 169* |
| Italie | 3 473 | -1 343 | 630 | 5 513 | 1 | 1,9 | *1 296* |

Sources : Calculs du CCI sur la base des statistiques de UN COMTRADE jusqu'à janvier 2007. Calculs du CCI sur la base des statistiques de Direction Générale des Douanes depuis janvier 2007.

L'analyse des exportations de sésame montre que, malgré l'importance des exportations des graines de sésame vers le reste du monde, particulièrement vers l'Asie, le Burkina Faso n'est pas arrivé à exploiter le marché potentiel en raison de l'absence d'agro-industries de production d'huile de consommation, qui présente un intérêt par les pays partenaires et le reste du monde.

## 1.4. Efficacité des mécanismes de promotion des exportations et compétitivité des produits agricoles burkinabè au sein de l'espace communautaire de la CEDEAO

La création de l'APEX Burkina a permis de promouvoir des mécanismes pour soutenir les exportations des produits agricoles burkinabè vers le monde et en particulier dans l'espace communautaire régionale de la CEDEAO[74]. Nous allons analyser, dans les chapitres suivants, l'évolution des mécanismes mis en place à la création de l'APEX Burkina et les performances en termes de promotion vers l'intégration commerciale sur le marché communautaire de la CEDEAO.

### 1.4.1. Evolution et performance des mécanismes de promotion des exportations du dispositif institutionnel de l'APEX-Burkina

#### 1.4.1.1. But et objectifs des institutions de promotion des exportations

Le but des institutions de promotion des exportations est de renforcer la performance et la compétitivité des entreprises exportatrices et d'améliorer le cadre juridique et organisationnel au plan national, afin de leur permettre d'atteindre avec efficacité les objectifs et d'en tirer les principaux avantages suivants :

*Au niveau de l'entreprise exportatrice :*

- Le développement de l'activité et l'augmentation des ventes ;
- La réduction des coûts de fabrication à l'unité, l'optimisation des capacités de production et l'augmentation des profits ;
- La compensation des fluctuations du marché national et la diminution de la dépendance par rapport à un seul marché traditionnel ;
- La répartition et la limitation des risques ;
- La prolongation de la vie du produit et l'amortissement plus rapide des coûts d'innovation lorsqu'ils existent ;

---

[74] La SNE a retenu en 2010, la mangue, le karité, l'oignon bulbe et le secteur du bétail sur pieds et viandes comme produits agricoles et agroalimentaires prioritaires.

- L'enrichissement des connaissances et l'exploitation des expériences acquises grâce à l'ouverture sur les marchés internationaux ;
- L'augmentation des capacités à mieux affronter la concurrence mondiale.

*Au niveau national :*

- L'amélioration de la balance commerciale ;
- L'acquisition des devises grâce au commerce extérieur et l'attraction de nouveaux investisseurs ;
- La valorisation de l'image pays au plan international ;
- L'accélération de la transformation de l'économie nationale et des capacités productives en vue de satisfaire la demande nationale et internationale ;
- L'accroissement du degré d'intégration de l'économie nationale dans les chaines de valeur du commerce mondial.

### 1.4.1.2. *Présentation du cadre général des mécanismes de promotion des exportations*

L'APEX Burkina est officiellement reconnue par « *Décrets n°2011-756/PRES/PM/MICA et n°2011-757/PRES/PM/MICA du 18 octobre 2011* ». Elle jouit du statut d'Etablissement Public à Caractère Economique (EPEC), est dotée de la personnalité morale et de l'autonomie financière, et est placée sous la tutelle du Ministère du Développement Industriel, du Commerce, de l'Artisanat et des Petites et Moyennes Entreprises (MDICAPME).

**Le tableau 27 ci-dessous présente la répartition des principales fonctions techniques entre les structures publiques d'appui aux exportations dans le cadre de la SNE.**

**Tableau 26 : Principales fonctions techniques réparties entre les structures d'appui aux exportations au Burkina Faso dans le cadre de la SNE**

| Axes d'interventions | MDICAPME | APEX | CCIBF | MEBF | Autres |
|---|---|---|---|---|---|
| **Politique générale** | | | | | |
| - Préparer et faire signer un "Pacte National pour le Développement des Exportations" | X | | | | X |
| - Préparer et faire signer une "Charte Nationale de l'Entreprise Exportatrice" | X | | | | X |
| - Créer un Conseil National de l'Exportation (CNE) | X | | | | X |
| - Créer un Secrétariat Permanent du CNE | X | | | | X |
| - Adopter une démarche projets parallèlement au soutien budgétaire en matière de coopération internationale | X | X | | | X |
| **Marketing** | MDICAPME | APEX | CCIBF | MEBF | Autres |
| - Identifier les besoins des exportateurs en produits et services | | | X | | |
| - Créer, mettre en place, gérer et développer les services répondant aux besoins des exportateurs | | | X | | |
| - Définir et mettre en place des canaux efficients de communication avec les exportateurs | | | X | | |
| - Développer et renforcer la coopération ONAC – MEBF – CCIBF-BC- | | X | X | X | |

| CMA-BS | | | | | |
|---|---|---|---|---|---|
| - Créer un fonds à coûts partagés | | | | X | |
| - Créer et mettre en place l'activité de conseiller en exportation | | | | X | |
| **Informations commerciales** | **MDICAPME** | **APEX** | **CCIBF** | **MEBF** | **Autres** |
| - Définir et orienter l'activité information | X | X | X | X | |
| - Mettre en œuvre et gérer l'activité information | | X | | | |
| - Comité d'orientation et de supervision du répertoire électronique et du portail des entreprises exportatrices | | X | X | X | |
| - Mettre en place et gérer le répertoire électronique et le portail des entreprises exportatrices | X | | | | |
| - Développer et gérer le Trade Point | | | X | | |
| **Formations professionnelles aux exportations** | **MDICAPME** | **APEX** | **CCIBF** | **MEBF** | **Autres** |
| - Définir et orienter l'activité formation | X | X | X | X | |
| - Mettre en œuvre et gérer les programmes de formation | | | | X | |
| - Assistance et conseil aux exportateurs | MDICAPME | APEX | CCIBF | MEBF | Autres |
| - Définir et orienter l'activité assistance et conseil aux exportateurs | X | X | X | X | |
| - Mettre en œuvre et gérer | | | | X | |

| | MDICAPME | APEX | CCIBF | MEBF | Autres |
|---|---|---|---|---|---|
| l'activité assistance et conseil aux entreprises exportatrices | | | | | |
| - Créer un guichet unique pour l'exportation et l'importation | | X | | | |
| **Promotion des exportateurs** | **MDICAPME** | **APEX** | **CCIBF** | **MEBF** | **Autres** |
| - Définir et orienter l'activité promotion | | | | | |
| - Mettre en œuvre et gérer l'activité promotion | | | | | |
| **Foires et salons** | **MDICAPME** | **APEX** | **CCIBF** | **MEBF** | **Autres** |
| - Définir et orienter l'activité foires, salons et missions commerciales | X | X | X | X | |
| - Mettre en œuvre et gérer l'activité foires, salons et missions commerciales | | X | | | |
| **Etudes** | **MDICAPME** | **APEX** | **CCIBF** | **MEBF** | **Autres** |
| - Définir et orienter l'activité études | X | X | X | X | X |
| - Mettre en œuvre et gérer les études se rapportant au développement du commerce extérieur | | | X | | |
| - Préparer des projets de développement à soumettre aux organismes de coopération | | X | | | |
| - Mobiliser des fonds de subvention au titre de la coopération internationale au développement | X | X | | | X |

| Normes et qualités | MDICAPME | APEX | CCIBF | MEBF | Autres |
|---|---|---|---|---|---|
| - Créer une structure autonome chargée des normes, de la certification et de la qualité | X | | | | X |

Sources : Genivar / Yirvouya / Contact Monde, 2010 « Rapport de restructuration du dispositif institutionnel de l'ONAC ».

### 1.4.2. Analyse de l'efficacité des activités d'appui à la promotion des exportations à travers l'APEX-Burkina

### 1.4.2.1.  Efficacité des activités d'appui à la promotion internationale des produits burkinabè

Pour un exportateur, la politique de promotion commerciale peut prendre plusieurs formes selon qu'il adopte une démarche de promotion globale ou spécifique par rapport à un ou plusieurs segments du marché cible. De manière générale, la démarche de l'exportateur devra résoudre les problèmes spécifiques rencontrés dans son réseau de distribution pour le ou les pays concernés.

- **La promotion internationale des produits d'exportation**

« *La promotion internationale se définit comme étant toutes activités développées à travers des actions en faveur du marketing en vue de consolider la position des produits sur le marché en vue d'accroitre les ventes, la notoriété et l'image du produit et de l'entreprise. Elle passe par la combinaison adaptée de marketing mix afin de pouvoir atteindre les objectifs visés* (School) ».

On y distingue plusieurs approches :

o **La promotion par le produit :** Elle implique une amélioration au préalable de la qualité du produit qui offrira plus de satisfaction au client ;

o **La promotion par le package** : Elle implique des innovations sur le packaging, notamment sur l'emballage et l'étiquetage, qui permettent une meilleure présentation du produit dans ces aspects extérieurs et en même temps d'améliorer l'image de marque du produit sur le marché ;

o **La promotion par le prix :** Elle s'effectue à travers la fixation de prix promotionnels en combinaison avec les techniques du marketing mix ;

dans ce cas l'accroissement du niveau de compétitivité et l'acquisition de nouvelles parts de marché peuvent être réalisée à court terme ;

o *La promotion par le développement des forces de ventes* : Elle se réalise à travers l'offre de meilleurs services en vue d'augmenter le nombre d'acheteurs. Elle peut se traduire à travers la formation des distributeurs des produits et des vendeurs, afin qu'ils puissent offrir de meilleures informations sur les produits aux clients. Cette démarche prévoit des moyens d'incitation et de récompense pour les distributeurs.

L'ensemble des actions de la promotion internationale indiquées ci-dessus se développent à travers plusieurs approches opérationnelles qui visent la satisfaction des consommateurs finaux. On peut citer : Les actions de publicité, l'offre de services après-vente, la mise en place des services de livraison, le développement des réseaux de distribution, etc.

- **Les réalisations de l'APEX Burkina dans la promotion internationale des produits**

L'APEX Burkina n'a pas eu de contribution significative dans le domaine de la promotion internationale des produits burkinabè. Les principales actions ont été orientées vers l'organisation de foires commerciales avec la participation des exportateurs. A ce niveau, les effets et impacts obtenus sont restés faibles sur le développement des exportations, en raison de l'absence de valorisation en aval des relations de partenariat commercial avec les importateurs internationaux.

Sur ce plan, les problèmes persistants rencontrés par les exportateurs sont : Le degré de périssabilité élevé des produits agricoles, l'absence d'emballage, l'absence de politique de fixation des prix et la non-maitrise des coûts élevés des transactions, l'absence de réseau de distribution contrôlés par les entreprises locales à l'étranger, le faible niveau de la force de vente des entreprises.

*1.4.2.2. Efficacité des activités d'appui à la mise aux normes de qualité des produits*

Le contrôle qualité des produits et les formations sont assurées par l'Agence Burkinabè de Normalisation, de la Métrologie et de la qualité (ABNORM) et d'autres services techniques, tels que le Laboratoire national du Burkina. Sur ce plan, un effort particulier a été réalisé et les exportateurs de produits agricoles bénéficient de ce type de services à la demande.

### 1.4.2.3. Efficacité des activités d'appui à la structuration et au renforcement des compétences des entreprises exportatrices

Sur le plan de la promotion des organisations professionnelles dans le secteur des exportations et du renforcement des compétences des entreprises exportatrices l'APEX Burkina et la MEBF mènent des activités conjointes de formations et de conseils d'entreprises. Il existe le centre de gestion qui apporte une assistance technique en gestion financière et comptable. Malgré cela, on observe de grandes faiblesses au niveau de l'organisation de la plupart des entreprises dans les domaines de la gestion financière, et dans les connaissances des règles du marché international.

### 1.4.2.4. Accès à la logistique internationale

Le CBC (CBC, s.d.) est une structure nationale dotée du statut d'établissement public à caractère professionnel sous la direction du Ministère du transport. Il a pour missions de :

- Coordonner les interventions des partenaires de la chaîne de transport dans les pays de transit en vue de réduire les délais et les coûts d'acheminement ;

- Assurer la formation des chargeurs et autres utilisateurs de la chaîne de transport ;

- Gérer le fret généré par le commerce extérieur du Burkina Faso ;

- Conduire des actions de facilitation du système des transports ; et

- Mettre à la disposition des chargeurs et toutes personnes intéressées les informations sur les coûts, l'organisation et les conditions de transport

Le transport des marchandises à l'intérieur du pays et dans la sous-région ouest-africaine est géré par les transporteurs traditionnels (le plus souvent par la route) qui ne tiennent pas compte des normes recommandées pour assurer la qualité des marchandises. Dans le cas des exportations destinées au marché international, le marché de la logistique et du transport est dominé par le groupe MSC[75] qui en est le leader et qui, grâce à son professionnalisme et aux moyens

---

[75] Le 21 décembre 2022, le Groupe Bolloré logistique a cédé 100% des parts de Bolloré Africa logistique au Groupe MSC pour l'ensemble des activités de transport et de logistique du Groupe Bolloré en Afrique.

logistiques engagés, jouit d'une situation de quasi-monopole dans le transport international des marchandises du pays.

### 1.4.2.5. *Accès aux moyens de paiement internationaux*

Les difficultés majeures que rencontrent les entreprises d'exportation de produits agricoles sont liées aux conditions d'accès aux crédits. En effet, la plupart du commerce international s'effectue en collaboration avec les banques commerciales, à travers les mécanismes de crédit documentaire comme moyen de sureté et de paiement. A ce niveau, les entreprises importatrices des pays-tiers, en raison du risque pays élevé du Burkina Faso et du faible niveau de développement des entreprises burkinabè pour supporter les risques, peinent à s'engager dans les prises de risque à l'importation. Les incoterms exigés par les importateurs sont en général : le CIF (coûts, assurances et frets port convenu), le CIP (coûts, assurances payés port convenu), le DAP (rendu au terminal port de destination) ou le DDP (rendu droits acquittés lieu de destination convenu). En tout état de cause, les crédits documentaires restent sans suite lorsque l'exportateur ne dispose pas des capacités financières pour supporter une grande partie des risques commerciaux.

### 1.4.2.6. *Accès aux moyens de cautionnement ou de garantie pour les entreprises exportatrices*

Le cautionnement ou la garantie étrangère est un document écrit par une banque à une partie étrangère à laquelle la banque s'engage à payer une somme d'argent, contre une demande écrite ou contre la soumission d'un document (ou des documents) stipulé dans le document de garantie lui-même, sur la présence d'un ou de plusieurs évènements indiqués. Plusieurs types d'institutions financières peuvent émettre un moyen de cautionnement ou de garantie au profil de l'exportateur. Ce sont les banques, les compagnies d'assurance et les sociétés de fidélité. De manière générale, les coûts supportés par l'exportateur pour l'émission des garanties sont jugés élevés par les entreprises burkinabè.

Plusieurs raisons expliquent les difficultés rencontrées par les exportateurs auprès des structures de cautionnement :

- Les règlements prévalent dans le pays de l'acheteur ;

- Le vendeur ou le concessionnaire est inconnu de l'acheteur et par conséquent la confiance dans le négociant et son expérience est absente ;

- L'ampleur ou la valeur du contrat exigent la garantie d'une banque contre les risques de pertes auxquelles est exposé le vendeur, au cas où il échoue à accomplir ses obligations contractuelles.

Les formes de cautionnement ou de garantie pratiquées au Burkina Faso en faveur des exportateurs de produits agricoles sont les suivantes :

- **L'accès aux garanties de soumission :**

L'acheteur demande une garantie de soumission pour l'achat du produit quand les offres sont faites par l'exportateur. Le but de l'acheteur est d'avoir l'assurance que l'exportateur est animé d'une intention sérieuse pour poursuivre la suite du processus. Au Burkina Faso, la garantie de soumission est de l'ordre de 3 mois (soit 90 jours).

Les entreprises Burkinabè qui participent aux appels d'offres au niveau international bénéficient de la couverture de ce type de garantie. Toutefois, dans le cas des exportations des produits agricoles, les négociations se font en général sous la forme de gré à gré, le plus souvent entre l'acheteur international et l'exportateur burkinabè, et les contrats commerciaux qui en sont issus ne prennent pas en compte ces formes de garanties de soumission.

- **L'accès aux garanties de bonne exécution :**

Le but de la garantie de bonne exécution est de protéger l'acheteur contre le risque de mauvaise exécution du marché par l'exportateur qui n'aurait pas respecté les obligations contractuelles du contrat. L'obligation de fournir une garantie de bonne exécution peut faire l'objet d'une clause au niveau contractuel qui fixe les limites de responsabilité.

Dans le cas des exportations agricoles, en raison des risques liés à la fragilité de la chaine de valeur, ce type de garantie s'applique rarement entre exportateurs et acheteurs, le secteur agricole étant toutefois considéré par les institutions financières comme un secteur de haut risque.

- **L'accès aux garanties de crédit à l'exportation :**

C'est une garantie spécialement constituée pour protéger les banques qui financent les exportations contre les risques de pertes résultant de leurs financements. Ce dispositif permet aux exportateurs d'accéder facilement aux crédits de pré ou post-livraison accordés par une institution bancaire. Il constitue un outil essentiel de promotion des exportations.

Dans le cas de l'APEX Burkina, même si cela fait partie de sa mission, aucun dispositif financier n'a été promu en tant qu'outil financier d'appui des exportateurs A cela, s'ajoute l'absence de garantie de fonds de roulement dans le dispositif de l'APEX Burkina, toutes choses qui rendent difficiles les conditions d'accès aux crédits auprès des banques commerciales pour les exportateurs.

- **Instauration et pratique des activités d'affacturage et leur portée pour les exportateurs de produits agricoles ;**

La pratique de l'affacturage est autorisée essentiellement pour les institutions bancaires. Au Burkina Faso, la pratique de l'affacturage a été instaurée en 2022 par *« la loi N°006-2022/ALT relative à l'affacturage au Burkina Faso* (Faso A. l., 2022). *Cette loi stipule que l'affacturage est une opération par laquelle l'adhérent transfère, par une convention écrite avec effet subrogatoire, ses créances commerciales à l'affactureur qui, moyennant rémunération, lui règle par avance tout ou une partie des montants des créances transférées, supportant ou non, selon les conventions des parties, les risques d'insolvabilité éventuelles sur les créances cédées ».*

Dans la pratique, les exportateurs burkinabè du fait de l'absence, dans la plupart des cas, de contrats internationaux d'exportation aux normes et ne disposant pas de moyens de contrôle de leurs clients à l'étranger, risquent d'éprouver des difficultés quant à l'accès à ce dispositif.

### 1.4.3. Variables institutionnelles dont les activités affectent la promotion des exportations au niveau national

### 1.4.3.1. Agence Burkinabè de Normalisation de la Métrologie et de la qualité

L'ABNORM (Burkina, s.d.) est l'agence burkinabè chargée de l'élaboration des normes de qualité. Ces missions sont les suivantes :

- Élaborer et diffuser des normes nationales, des spécifications techniques et des codes de bonnes pratiques ;

- Sensibiliser et former les opérateurs économiques sur les normes et les outils de gestion de la qualité

- Assurer le contrôle et l'inspection de la qualité des produits, des biens et des services à l'importation, l'exportation et la production locale ;

- Assurer la certification des produits, des systèmes et des personnes selon les normes nationales ou internationales ;

- Assurer l'étalonnage et le raccordement au système international d'unités (SI) des instruments de mesures ;

- Conseiller et assister des entreprises industrielles, commerciales et de prestation de services en matière de normalisation, de certification, de métrologie et de qualité.

En général, l'ABNORM intervient pour le contrôle et l'inspection de la qualité des produits destinés à l'export. Elle joue un rôle important dans l'essor des exportations des produits agricoles et agroalimentaires au Burkina Faso.

### 1.4.3.2. *Maison de l'entreprise et autres structures nationales d'appui aux exportateurs*

La Maison de l'Entreprise abrite le guichet unique pour faciliter l'obtention des autorisations à l'exportation et collabore avec d'autres structures nationales (Rongead, s.d.) : la CCIA, la Douane, le Laboratoire de santé publique et le Ministère du commerce. Elle assure l'obtention des documents suivants :

- Le statut d'exportateur ;

- Le titre d'exportation, document déclaratif sur l'objet de l'exportation : la nature du produit, la quantité, la valeur FOB de la marchandise à l'exportation ;

- Le certificat d'origine qui fait suite à l'obtention du titre de demande préalable d'exportation et de la déclaration d'exportation ;

- Le certificat phytosanitaire qui justifie que la qualité des marchandises est conforme aux normes phytosanitaires du pays de destination ;

- La domiciliation de paiement des marchandises qui définit le lieu de la transaction financière liée à l'exportation des marchandises.

### 1.4.4. Défis du Burkina Faso pour l'intégration dans la chaine de valeur commerciale de l'espace communautaire de l'UEMOA et de la CEDEAO

La zone de l'UEMOA[76] constitue le premier marché de proximité et de destination des produits agricoles et agroalimentaires du Burkina Faso. De nombreux mécanismes de promotion des exportations sur le marché communautaire ont été mis en place depuis des années et d'autres sont en cours de création. On peut citer :

- L'existence d'une union douanière et d'une union monétaire qui facilitent les échanges commerciaux ;

- La création d'agences de promotion des exportations dans les pays membres pour renforcer le niveau de compétitivité des entreprises et mieux répondre à la demande du marché communautaire ;

Concernant la CEDEAO, qui constitue un prolongement du marché communautaire de l'UEMOA, nous avons souligné que les dispositions mises en place permettent aux pays membres de bénéficier de franchises totales pour leurs exportations vers l'UE (Voir section). En contrepartie la CEDEAO consentait à une ouverture partielle de son marché, en réduisant le TEC vis-à-vis des produits des pays de l'UE, et créait le dispositif d'accès au marché de l'Afrique de l'Ouest appelé « OFFRE DE PARTENARIAT COMMERCIAL POUR LE DEVELOPPEMENT ».

**Ces nouveaux accords commerciaux représentent des défis pour le Burkina Faso en termes de choix à opérer pour accélérer son intégration commerciale, en s'appuyant sur l'agro-industrie. Il s'agit de faire de ce secteur moteur un levier dans la recherche de la compétitivité et d'en tirer des avantages par la mise en pratique de stratégies avantageuses fondées sur la différentiation des produits d'exportation.**

**Le tableau 28 ci-après présente les défis du Burkina Faso pour son intégration commerciale dans l'espace régional de l'UEMOA qui converge avec la CEDEAO.**

---

[76] Les pays sont : le Bénin, le Burkina Faso, la Côte d'Ivoire, la Guinée Bissau, le Mali et le Sénégal.

**Tableau 27 : Défis du Burkina Faso pour l'intégration dans la chaine de valeur commerciale de l'espace communautaire de l'UEMOA**

| Résultats atteints/attendus pour les pays membres de l'espace communautaire | Résultats au Burkina Faso |
|---|---|
| **Appropriation et maîtrise des politiques et réglementations commerciales par les Etats membres** | |
| Renforcement des capacités des administrations publiques et privées en matière d'analyse et de suivi des marchés, de définition des politiques nationales et sectorielles et de négociations commerciales | Faible performance |
| Création et mis en place d'un dispositif de surveillance commerciale | Faible performance |
| Existence de statistiques et de base de données fiables sur le commerce des biens et services et sur les principaux produits et services exportés ou potentiellement exportables | Performance moyenne |
| Existence d'appui institutionnel et technique pour la mise en œuvre des politiques et accords de l'OMC | Performance moyenne |
| Existence de partenariat Public/Privé efficient pour la définition, l'adaptation et la mise en œuvre des politiques commerciales nationales et sectorielles à l'import/export | Faible performance |
| **Développement du commerce intra - régional et international des Etats membres** | |
| Mise en place des politiques et programmes de développement du secteur privé et des exportations | Faible performance |
| Existence de mécanismes de promotion et de financement de la PME/PMI | Faible performance |
| Des couloirs commerciaux régionaux sont identifiés, sécurisés et mis en activité | Faible performance |
| Des mécanismes et actions pour la levée des entraves et des perceptions illicites sont engagées | Faible performance |
| Des organes de règlements des différents commerciaux inter-états sont renforcés | Performance moyenne |
| Des programmes d'adaptation à la compétition par secteurs et pour des entreprises spécifiques sont adoptés | Performance moyenne |
| Effectivité des rencontres promotionnelles commerciales Interafricaines et des systèmes de prospection active et de mise en contact sont réalisés | Faible performance |
| **Diversifier et accroître les capacités de production des Etats membres** | |
| Les systèmes de télécommunication sont améliorés | Bonne performance |
| Les routes transfrontalières sont développées | Bonne performance |
| Les ports d'éclatement et de transit sont utilisés par les pays sans littoral | Bonne performance |
| Création et mise à niveau des infrastructures liées au commerce (route, rail, aérien et port) | Faible performance |

| | |
|---|---|
| Existence de postes de contrôle juxtaposés et des guichets uniques de dédouanement qui fonctionnent | Bonne performance |
| Couverture de l'espace régional et des espaces nationaux en énergie électrique, réhabilitation des installations et diversification des sources d'énergie | Bonne performance |
| **Mener les ajustements indispensables et prendre en compte les autres besoins liés au commerce** | |
| Existence d'entreprises agricoles plus compétitives et insérées dans le commerce mondial | Faible performance |
| Des industries sont restructurées et mises à niveau à court et moyen terme | Faible performance |
| Des mesures de sauvegarde des filières et produits sont mises en place | Performance moyenne |
| Des incitations et soutiens aux banques pour développer des produits facilitant les exportations des produits agricoles et agroindustriels | Faible performance |
| Accroissement des exportations de produits vivriers vers l'Afrique et le reste du monde | Faible performance |
| Encadrement des entreprises pour le développement de nouveaux produits, l'innovation et la diversification des marchés | Faible performance |
| Mise en conformité aux normes sanitaires et phytosanitaires | Bonne performance |
| Les laboratoires certifiés et accrédités selon les standards internationaux se développent | Bonne performance |
| Les entreprises s'insèrent dans des secteurs dynamiques nouveaux et exploitent les créneaux porteurs pour lesquels elles bénéficient d'avantages compétitifs | Faible performance |

## Section VI : Proposition de nouvelles orientations d'intégration dans la chaine de valeur du commerce régional dans l'espace communautaire de la CEDEAO

Tel que nous avons pu le souligner plus haut, le niveau de compétitivité des exportateurs Burkinabè sur le marché de l'UE reste faible et nécessite des appuis en renforcement des capacités et des mises niveau de plusieurs segments de la chaine de valeur de la filière pour plus d'efficacité dans les exportations. Les principales faiblesses sont :

- Le faible niveau d'organisation des entreprises nationales exportatrices.

- Le faible niveau d'organisation des planteurs et le faible niveau de qualité de l'offre commerciale de mangue par rapport aux critères fixés par la demande internationale.

- Le cout élevé de l'intermédiation commerciale sur le marché international.

- Les difficultés d'accès aux moyens logistiques de stockage et de conservation, de conditionnement et aux moyens de transport aérien.

- Le cout élevé de l'exploitation de la chaine de froid.

- La méconnaissance et la non maitrise de la politique des prix sur le marché européen.

- Le faible niveau de diffusion de l'information commerciale, et de communication entre exportateurs nationaux et importateurs,

- L'absence de mécanismes de financement bancaire appropriés et de garanties des risques commerciaux.

Toutefois quelques pays offrent encore de bonnes perspectives pour les exportations de la mangue fraiche et séchée Burkinabè. Ce sont la France, les Pays-Bas et le Ghana. La France présente pour le Burkina une possibilité de réaliser des exportations additionnelles équivalant à 6.9 millions de dollars US[77].

---

[77] https://exportpotential.intracen.org/fr/markets/gap-chart?fromMarker=i&exporter=854&whatMarker=k&what=080450&toMarker=j. Consulté le 10/05/2023

## 1.1. Elaborer une stratégie sectorielle de promotion des exportations de produits semi finis et finis de l'agro-industrie sécurisée par un marché intérieur développé

Le degré d'intégration du Burkina Faso dans la chaine de valeur du marché communautaire de la CEDEAO et du marché mondial serait beaucoup plus important avec des exportations basées sur la promotion des produits semi-finis et finis issus de l'agro-industrie. En effet, des stratégies fondées sur la promotion des exportations des produits de l'agro-industrie stimulerait la croissance et la diversification de la production agricole. Dans ces conditions, au lieu d'une stratégie nationale de promotion des exportations dont les limites ont été démontrées, des stratégies sectorielles de promotion des exportations des produits l'agro-industrie devraient permettre une transformation de l'économie nationale et induire *: i) Le développement d'une base industrielle comme levier afin de promouvoir la consommation locale sur le marché intérieur et également entrainer l'accroissement de la production agricole ; ii) Une meilleure intégration commerciale sur marché régional communautaire ; III) L'amélioration des capacités d'exportation vers le marché international et IV) L'accroissement des valeurs ajoutées.*

## 1.2. Développer une base industrielle comme levier pour promouvoir la consommation sur le marché intérieur et stimuler la production dans le secteur de l'agriculture

Le Burkina Faso dispose, dans le secteur du développement industriel, d'un régime d'investissement très attractif et de zones industrielles pour favoriser l'installation des unités de transformation. Cependant, le secteur de l'agro-industrie est très peu développé et est dominé par des unités de production de type artisanales ou semi-industrielles. En plus, on observe une grande concentration du parc industriel dans les deux grandes villes du pays (Ouagadougou et Bobo Dioulasso), au détriment de plusieurs zones de production distantes des emplacements des unités de transformation. Les récentes études menées par le Ministère du commerce, de l'industrie et de l'artisanat présentent les caractéristiques du secteur de l'agro-industrie au Burkina Faso (Consult, 2019), qui sont présentées ci-après.

**Les tableaux 29, 30 et la figure 13 présentent les atouts et les insuffisances, les opportunités et menaces du secteur de l'agro-industrie burkinabè, ainsi que la répartition des agro-industries dans les régions du pays.**

**Tableau 28 : Atouts et insuffisances, opportunités et menaces du secteur de l'agro-industrie burkinabè**

| Forces | Faiblesses |
|---|---|
| - Zones importantes de céréales (mil, sorgho, maïs riz) : Plateau central, Hauts Bassins, Boucle du Mouhoun, Cascades, Sud-Ouest, Centre Ouest, Centre Est<br>- Zones importantes d'oléagineux (graine de coton, arachide, karité et sésame) : Plateau central, Hauts Bassins, Boucle du Mouhoun, Cascades, Sud-Ouest, Centre Ouest, Centre Est<br>- Zones importantes du niébé : Boucle du Mouhoun, Sud-Ouest, Centre Ouest, Centre Est, Haut bassins<br>- Zones importantes de tubercules (igname, manioc, patate) : Sud-Ouest<br>- Zones importantes de fruits (mangues, et autres fruits) : Cascades, Hauts Bassins<br>- Zones importantes de bovins, caprins, volailles, porcins, ovins : Boucle du Mouhoun, Sud-Ouest, Centre Ouest, Centre Est, Haut bassins, Cascades, Plateau Central, Sahel, Est<br>- Zones industrielles dans quatre (4) régions du Burkina Faso<br>- Existence de marchés conventionnels, national, régional et international ; et d'un marché spécifique international des produits certifiés biologiques pour les différentes filières identifiées | - Absence de zones industrielle dans neuf (9) régions rendant difficile le développement des agro-industries<br>- Faible niveau de structuration des producteurs agricoles et des éleveurs et faible productivité agricole<br>- Circuits commerciaux longs avec plusieurs intermédiaires (marché primaire de collecte, marché secondaire, marché de regroupement) ce qui augmente les coûts et rend les prix très élevés<br>- Difficulté de respect des normes de production<br>- Faible élasticité de l'offre par rapport à l'augmentation des prix et à la demande<br>- Faiblesse du tissu industriel en lien avec la production locale<br>- Faible niveau de connaissance de l'offre commerciale en raison de l'insuffisance de l'information statistique<br>- Faible niveau de maitrise totale de l'eau pour la production agricole |
| **Opportunités** | **Menaces** |
| - Installation d'agro-industries de type artisanal de transformation des céréales (semoules de mil, sorgho, maïs et riz).<br>- Installation d'unités de nettoyage et de pré transformation<br>- Installation d'agro-industries de type artisanal d'aliments pour bétails<br>- Installation d'agro-industries (industrielles et artisanales) d'oléagineux : graine de coton, arachide, karité | - L'insécurité grandissante dans de nombreuses régions du Burkina<br>- Production saisonnières dépendante des conditions climatiques et pluviométrique |

| | |
|---|---|
| - Création d'agro-industries semi industrielles spécifiques pour la production d'huile alimentaire et cosmétique certifiées biologique destinées à l'export<br>- Existence d'agro-industries artisanales de tubercules (manioc, igname, patate) afin d'en optimiser la rentabilité<br>- Existence d'agro-industries artisanales et semi industrielles de fruits (mangues, et autres fruits) afin d'en optimiser la rentabilité<br>- Création d'agro-industrie spécifique pour la production de concentré de jus de fruits certifié biologique pour l'export<br>- Installation d'abattoir industriel de production et de transformation de produits animaux<br>- Le marché local, national est croissant et constitue une opportunité pour le développement des produits de substitution aux importations<br>- Le marché régional (UEMOA et CEDEAO) offre de meilleures conditions d'exportation à travers la libre circulation des marchandises<br>- Existence des réseaux routiers et de moyens logistiques favorisant les exportations vers la Côte d'Ivoire (rail et route international)<br>- Existence de deux zones portuaires aériennes permettant l'exportation par fret aérien | |

Sources : MICA Burkina Faso, 2019

**Tableau 29 : Répartition des agro-industries burkinabè dans les régions du pays**

| N"° | Régions | Nombre d'agro-industries |
|-----|---------|--------------------------|
| 1 | Boucle du Mouhoun | 5 |
| 2 | Cascades | 10 |
| 3 | Centre | 278 |
| 4 | Centre Est | 23 |
| 5 | Centre Nord | 3 |
| 6 | Centre Ouest | 5 |
| 7 | Centre Sud | 0 |
| 8 | Est | 4 |
| 9 | Hauts Bassins | 94 |
| 10 | Nord | 2 |
| 11 | Plateau Central | 6 |
| 12 | Sahel | 22 |
| 13 | Sud-Ouest | 2 |

**Figure 14 : Répartition des agro-industries burkinabè dans les régions du pays**

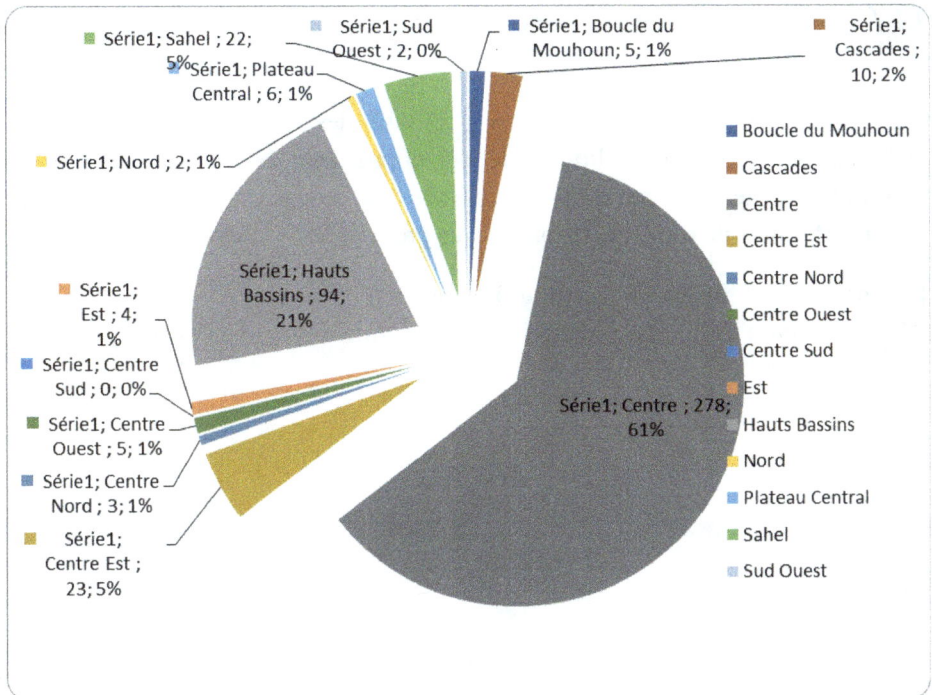

Le développement d'une nouvelle base agro-industrielle, dans le cadre d'une stratégie de satisfaction de la demande nationale étendue à la satisfaction du marché régional, devra répondre aux principes suivants :

- Envisager des résultats qui auront un impact attendu au plan de l'accroissement de la production agricole intégrée à la demande de l'agro-industrie de transformation ;

- Atteindre une échelle nationale en disséminant les unités de transformation au plus près des zones de production agricole pour garantir la durabilité des systèmes de transformation et diminuer les couts d'approvisionnement ;

- Développer un système de marché interconnecté qui impulse la transformation de l'économie nationale à partir de la consommation locale de produits « MADE IN BURKINABE » et LA PROMOTION DE L'IMAGE DE MARQUE capable de s'insérer facilement dans la chaine de valeur du commerce régional.

### 1.2.1. Accroître la production agricole intégrée à la demande de l'agro-industrie de transformation

Dans ce domaine, le Burkina Faso a réalisé des avancées importantes en élaborant une nouvelle politique de développement de l'agro-industrie, qui prend en compte l'ensemble des potentialités nationales dans la perspective de création d'unités de transformation au plus près des zones de production.

**Le tableau 31 ci-après résume les potentialités et les perspectives de développement de l'agro-industrie dans les zone de production du pays.**

## Tableau 30: Classification des filières prioritaires dans les 13 régions du Burkina Faso et potentiel agroindustriel

| Filières prioritaires | Régions ciblées | Filière locale | Filière nationale | Filière régionale | Filière internationale | Potentiels agroindustriels pour le marché des produits semi finis et finis de consommation | Intégration commerciale de marché en perspective |
|---|---|---|---|---|---|---|---|
| Céréales (mil, sorgho, maïs riz) | Plateau central, Hauts Bassins, Boucle du Mouhoun, Cascades, Sud-Ouest, Centre Ouest, Centre Est | X | X | | | - Installation d'agro-industries d'envergure dont le process intègre la transformation de plusieurs types de céréales (semoules de mil, sorgho, maïs et riz) afin d'en optimiser la rentabilité.<br>- Installation d'unités de nettoyage et de pré-transformation pour approvisionner les agro-industries de grande taille de Ouagadougou et de Bobo Dioulasso<br>- Installation d'agro-industries de production d'aliments pour bétail | Marché conventionnel local de proximité, national et régional |
| Oléagineux (graine de coton, arachide, karité et sésame) | Plateau central, Hauts Bassins, Boucle du Mouhoun, Cascades, Sud-Ouest, Centre Ouest, Centre Est | X | X | X | X | - Installation d'agro-industries d'envergure dont le process intègre la transformation de plusieurs types d'oléagineux (graine de coton, arachide, karité et sésame) afin d'en optimiser la rentabilité.<br>- Création d'agro-industries spécifiques pour la production d'huile alimentaire et cosmétique certifiées biologique pour l'export | Marché conventionnel national et régional ; et marché spécifique international des produits certifiés biologiques |
| Niébé | Boucle du Mouhoun, Sud-Ouest, Centre Ouest, Centre Est, Haut | X | X | X | | - Installation d'agro-industries de nettoyage, de conditionnement et d'ensachage | Marché conventionnel local de proximité, national et régional |

| | | | | | | |
|---|---|---|---|---|---|---|
| | bassins | | | | | |
| Tubercule (igname, manioc, patate) | Sud-Ouest | X | X | | - Installation d'agro-industries d'envergure de transformation de tubercules (manioc, igname, patate) afin d'en optimiser la rentabilité. | Marché conventionnel local de proximité, national, régional |
| Fruits (mangues, et autres fruits) | Cascades, Hauts Bassins | X | X | X | - Installation d'agro-industries d'envergure dont le process intègre la transformation de plusieurs types de fruits (mangues, et autres fruits) afin d'en optimiser la rentabilité.<br>- Création d'une agro-industrie spécifique pour la production de concentré de jus de fruits certifié biologique pour l'export | Marché conventionnel national et régional ; et marché spécifique international des produits certifiés biologiques |
| Bovins, caprins, volailles, porcins, ovins | Boucle du Mouhoun, Sud-Ouest, Centre Ouest, Centre Est, Haut bassins, Cascades, Plateau Central | X | X | X | - Installation d'abattoirs industriels de production et de transformation de viande animale | Marché conventionnel local de proximité, national et régional |
| Tomate, Oignon | Nord, Centre – nord, Boucle du Mouhoun, Hauts – bassins, plateau central | X | X | X | - Installation d'unités de conservation de tomate et d'oignon | Marché conventionnel local de proximité, national et régional |

Sources : MICA, 2019

### 1.2.2. Développer un système de marché interconnecté qui impulse la transformation de l'économie

Le développement d'un système de marché qui impulse la transformation de l'économie nationale, à partir de la consommation locale de produits « MADE IN BURKINABE » et LA PROMOTION DE L'IMAGE DE MARQUE, devra s'appuyer sur la série d'acteurs qui composent la chaine de valeur des produits.

En effet, chaque maillon de la chaine de valeur dépend d'un sous-système de marché qui détermine son efficacité en amont et en aval en lien avec le réseau d'acteurs. De façon générale, la stratégie de la promotion des exportations des produits de l'agro-industrie devra prendre en compte, pour chaque catégorie d'acteurs, les déterminants suivants qui vont définir le nouveau rôle de l'APEX Burkina dans la promotion des exportations.

Les catégories d'acteurs qui interviennent dans le processus sont :

- Les fournisseurs d'intrants ;

- Les producteurs agricoles ;

- Les fournisseurs de produits agricoles et de stockage post récolte ;

- Les agro-industries de transformation ;

- Les chargeurs et propriétaires de la logistique de stockage et de transport ;

- Les distributeurs et les détaillants.

**Figure 15 :Présentation du système de marché dans la promotion des produits de l'agro-industrie et dérivés**

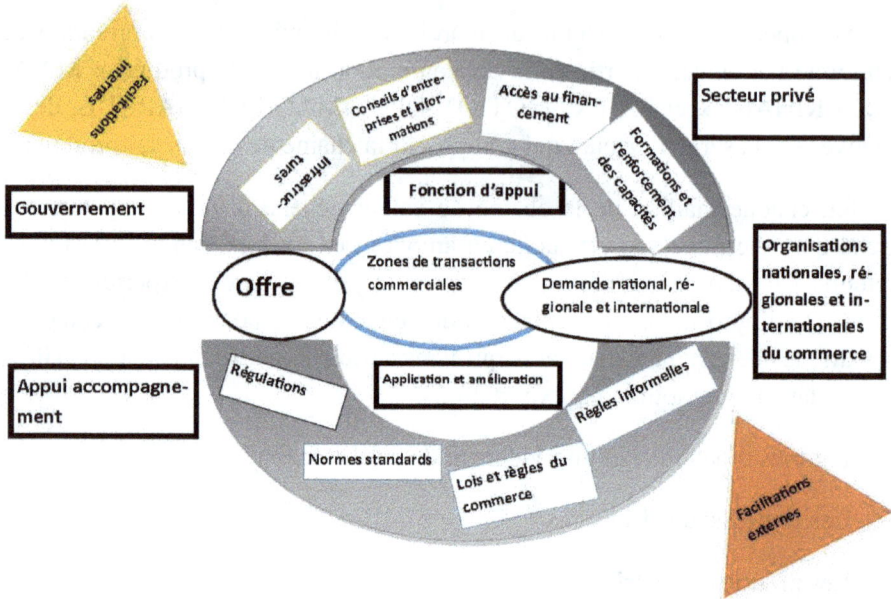

# Chapitre V : Conclusion

L'intégration du Burkina Faso dans la chaine de valeur du commerce mondial en général et plus particulièrement dans celle de l'espace communautaire de la CEDEAO, a été réalisée par jalons successifs, d'abord pendant l'époque coloniale sous l'impulsion de l'administration française, ensuite après l'accession à l'indépendance de 1960 à nos jours, période qui a vu naitre diverses formes de partenariats commerciaux contractés avec de nombreux pays et organisations à travers le monde.

Il ressort des constats faits à travers l'évolution des exportations du pays, que de l'ère coloniale en 1019 jusqu'en 2011, date à laquelle a été adoptée une stratégie nationale vigoureuse de promotion des exportations basée sur la diversification de la production, le principal produit d'exportation agricole était le coton graine et le coton fibre. Au regard du mode de partenariat entretenu tout au long de cette longue période, les exportations de coton étaient réalisées vers la France durant la période coloniale et, après l'accession à l'indépendance, la principale destination fut le marché commun européen, en vertu des accords issus des conventions de Yaoundé I & II et des accords des conventions de Lomé I, II, III & IV.

Au cours de toute cette évolution, le pays fut constitué en terrain de recherches scientifiques, menées par les instituts de recherche liés aux sociétés cotonnières, dont le rôle fut la vulgarisation de nouvelles variétés performantes ayant permis de faire du coton la principale production de rente.

Parallèlement, les sociétés cotonnières constituées particulièrement de filiales de sociétés françaises ont exercé leur contrôle sur la filière cotonnière et ont créé les conditions de sécurisation des approvisionnements des industries européennes, en mettant en place des mécanismes de financement notamment à travers l'aide de financement au développement.

Jusqu'à nos jours, les efforts déployés par l'Etat Burkinabè pour prendre le contrôle de la filière coton furent vaines, la volonté publique ayant été anéantie par la rudesse des programmes d'ajustement structurel dont les conditionnalités imposées étaient le désengagement de l'Etat et les privatisations des sociétés d'Etat.

Alors, la spécialisation du Burkina Faso dans les exportations de coton était considérée comme une évidence dans le cadre de la coopération au développement, malgré l'existence d'autres types de production agricole non exploités à ce stade mais qui présentaient de fortes potentialités, en termes d'avantages commerciaux à l'exportation.

L'avènement de la Stratégie nationale de promotion des exportations et la création de l'APEX Burkina en 2011 marquaient un tournant pour le pays, dans la mesure où la diversification des produits d'exportation - prenant en compte le sésame, la noix de cajou, la mangue fraiche et le karité - devait engendrer un effet d'entrainement de la croissance de la production ainsi que d'autres d'embouchés et sources de revenus pour le pays.

Cependant, les mécanismes mis en place à cet effet n'ont pas permis d'atteindre les résultats escomptés en termes de compétitivité sur le marché international. Sur ce plan, les entreprises nationales d'exportation se caractérisent par leur faible niveau de capacité dans l'organisation des filières des nouveaux produits d'exportation prioritaires et dans la maitrise de la chaine de valeur commerciale à l'exportation.

Malgré l'existence plusieurs structures étatiques qui offrent des services non financiers compétents, l'APEX Burkina, dans le cadre de la mise en œuvre de la SNE, n'a pas pu déployer les mécanismes et les outils d'encadrement des exportateurs en vue d'une meilleure intégration sur le marché communautaire de la CEDEAO et sur le marché mondial.

L'espace communautaire de la CEDEAO, constitué en union douanière, dispose des mécanismes permettant aux pays membres de bénéficier de facilités de commerce sur le marché commun par rapport aux autres pays-tiers non membres.

Mais il ressort que le faible niveau de développement de l'agro-industrie au Burkina Faso constitue une contrainte majeure pour accéder à cette destination, la demande potentielle du marché communautaire régional concernant principalement les produits finis et finis de l'agro-industrie. Ceci s'explique du fait que le secteur de l'agriculture des pays de la région offre des produits primaires similaires à ceux du Burkina Faso.

En conséquence, au regard des limites atteintes dans la mise en œuvre de la stratégie nationale axée sur les produits agricoles primaires, et si toutefois le Burkina Faso veut rompre avec sa dépendance envers la monoculture d'exportation du coton et s'engager dans la voie de la diversification de ses produits d'exportation, il serait pertinent d'envisager d'autres options en termes de choix de produits et de système de mise en marché.

A notre avis, une des options pertinentes dans le cadre de l'intégration commerciale dans l'espace communautaire de la CEDEAO requiert en priorité le choix des produits issus de la transformation de l'agro-industrie et le déploiement des efforts du pays pour se mettre à niveau, en exploitant les avantages offerts par les institutions régionales que sont l'UEMOA et la CEDEAO.

Cette nouvelle orientation consistera à l'élaboration et à la mise en œuvre de stratégies sectorielles de promotion des produits de l'agro-industrie. En effet, cela présente un double avantage pour l'économie nationale : (i) Des effets d'entrainement de la demande industrielle sur l'accroissement et le renforcement des chaines de valeur des secteurs productifs agricoles (production vivrière et non vivrière) ; et (ii) La compétitivité induite par des approches de transformation basées sur des techniques de différentiation des produits finis et semi-finis. Ceci offre un spectre plus large pour l'offre de produits vers plusieurs segments de consommation. Le marché régional communautaire étant considéré comme un prolongement du marché national, l'opportunité sera ouverte en vue d'une meilleure intégration dans la chaine de valeur commerciale du marché commun régional, tout en préservant les avantages du marché international.

# Bibliographie

(AHUE), A. h. (1970). La communauté europeenne et les pays en voie de developpement "decelaration au colloque syndicale europeen sur les pays en voie de developpement et la communauté". (pp. 5-6). Luxembourg: Fonds EM - Edoardo Martino,dossier 153. Consulté le 12 18, 2021, sur https://www.cairn.info/revue-relations-internationales-2009-4-page-19.htm?contenu=article

AFDI. (2007, 31 07). CEDEAO, mise en place du tarif exterieur commun (TEC), quel acheminement et quel implication pour l'agiculture? *AFDI, Lettre hebdo, N°116, N° spécial*, p. 1. Consulté le Fevrier 17, 2023, sur http://www.hubrural.org/IMG/pdf/afdi_lettre_hebdo_116.pdf

Afrique, M. P. (s.d.). *https://www.google.com/imgres?imgurl=http%3A%2F%2Fwww.marches-publics-afrique.com*. Récupéré sur https://www.google.com.

AgroDev. (2020). *Etudes sur la filiere mangue dans les regions des hauts bassins, des cascades et du centre.* Etudes de la fiiiere mangue, AgroDEV, Bobo Diuoulasso. Récupéré sur https://cmacooperation.fr/wp-content/uploads/2021/03/rapport-etude-filiere-mangue_archipelago-mangue.pdf

Bach, D. (1993). Un ancrage à la derive de la convention de Lomé. *Revue tiers monde, 34*(N°136), PP. 749-758. Consulté le Fevrier 02, 2023

Bruxelles, C. d.-C. (1984). *Troisieme convention ACP - CEE* (Vol. 1). Bruxelles, Belgique: Office des publications officielles des communautés europeennes, Luxembourg 1985. Consulté le Decembre 20, 2022

Burkina, A. (s.d.). *https://www.iso.org/.* Récupéré sur https://www.iso.org/fr/member/269997.html

CBC. (s.d.). *http://cns.bf/spip.php?article139.* Récupéré sur http://cns.bf.

Consult, L. I. (2019). *Evaluation et formulation d'un programme "une region, une usine de transfrmation agroalimentaire".* politique nationale de l'agroindustrie, MICA Burkina Faso, Etude nationale, Ouagadougou. Consulté le 2019

CVCE. (1979). La deuxieme convention ACP - CEE de Lomé. *JOCE*, 13.

CVCE. (1979). La deuxieme convention ACP - CEE de Lomé. *JOCE*, 14.

CVCE. (1979). La deuxieme convention ACP - CEE de lomé . *JOCE*, 16.

CVCE, E. D. (2017). *L'association des pays et territoires d'outre mer* (Vol. 1). (C. b. UNI.LU, Éd.) EU. Consulté le novembre vendredi, 2021, sur www.cvce.eu

CVCE.eu. (2021). *Evenements historiques de la construction europeenne (1945-1914)*. Luxembourg: UNI.LU. Consulté le Novembre 22, 2021, sur WWW.cvce.eu

Deschamps, E. (2017, 09 26). L'Association des pays et territoires d'outre mer. (C. b. UNI.LU, Éd.) *L'Association des pays et territoires d'outre mer, 1*, p. 5. Consulté le 12 19, 2021, sur http://www.cvce.eu/obj/l_association_des_pays_et_territoires_d_outre_m erfr-

étatiques, p. d. (2009). Note d'analyse et d'orientation le TEC-CEDEAO dans le cadre des négociation UE/APE pour la signature des APE., (p. 47). Sénégal.

étatiques, P. d. (2009). Note d'analyse et d'orientation sur la TEC-CEDEAO dans le cadre des negociations UE/ACP pour la signature des APE. *Groupe Thematique commerce/APE, 1*, p. 47. Senegal.

Européenne, C. (1989, 31 14). Quatrieme convention de Lomé. *Coin de presse*, P/89/76. Récupéré sur https://ec.europa.eu/commission/presscorner/detail/fr/P_89_76

Faso, A. B. (s.d.). *fiche sectorielle: mangue du Burkina Faso*. APEX Burkina Faso, Ouagadougou. Récupéré sur https://www.apexb.bf/assets/pages/Fiche%20fili%C3%A8re%20-%20mangue.pdf

Faso, A. l. (2022). Loi N°0062022/ALT relative à l'activité d'affacturage au Burkina Faso. 18. Ouagadougou.

Faso, B. (2007). *Etudes diagnostiques sur l'integration commerciale pour le programme du cadre intégré*. Politique commerciale.

FELAHTADE. (s.d.). *https://www.fellah-trade.com/fr/export/carte-atlas/burkina-faso/echanger#classification_by_country*. Récupéré sur https://www.fellah-trade.com.

Halleux, S. (2008). *Integration des pays ACP (Afriques, Caraïbes, Pacifiques) dans l'économie mondiale par les APE (Accord de partenariat Economique): leurre imposé ou ambition réaliste pour le developpement ?* Bruxelles.

IEDES. (1969). *Renouvellement de la convention de Yaoundé* (Vol. 1). Paris, France: In: Tiers monde. doi:https://doi.org/10.3406/tiers.1969.2490

Kravis, I. (1956). a theory of internationalization.

Krugman, P. (2001, Fevrier 10). La Politique Commerciale Strategique. p. 5. Récupéré sur https://www.pimido.com/sciences-politiques-economiques-administratives/politique-economique/fiche/politique-commerciale-strategique-p-krugman-394556.html

Linder, B. (1960). Theorie de la demande representative.

Lucron, C. (1966). *Les accords d'association successif avec les états africains et malgache assoiciés et leur fonctionnement (pp. 464-559)* (Vol. N°19, du 5 septembre 1966). Bruxelles, Belgique: Egmont Institute. Consulté le Avril 27, 2022, sur https://www.jstor.org/stable/i40204653

Lucron, C. (1969). les orientations nouvelles de l'association entre la communauté économique europeenne et les états acfricains et malgache associés. *22*, 71. Consulté le juillet 1, 2022, sur hpps://www.jstor.org/stable/44831567__

MAAH. (2015). *Cahier de charge pour l'exportation du sésame du Burkina Faso.* Arrété interministeriel, MAAH, Protection des vegetaux et du conditionnement, Ouagadougou.

MAAHA. (2020). *Annuaire des statistiques agricoles 2020.* Statistiques agricoles, MAAHA, Ouagadougou. Consulté le 05 10, 2023, sur https://www.agriculture.bf/upload/docs/application/pdf/2021-07/annuaire_agriculture_2020_def.pdf

Ministère du Commerce, d. l. (2007). *Etudes Diagnostique pour l'Integration Commerciale pour le programme du Cadre Integré.* Ouagadougou.

Ministere du Commerce, d. l. (2008). Projet d'appui à la competitivité et au developpement de l'entreprise (PACDE). *Demande de proposition: Selection d'un consultant pour la formulation d'une Strategie National de promotion des Exportation (SNE) et de la Restructuration du Dispositif Institutionnel (DRI) de l'Office National du Commerce Exterieur (ONAC).* Ouagadougou, Burkina Faso.

Ministere du commerce, d. l. (2010). *Restructuration du dispositif institutionnel de l'ONAC.* Ouagadougou: MCPEA.

Porter, M. E. (1980). *Choix strategiques et Concurrence " Technique d'analyse des secteurs et de la concurrence dans l'industrie"* (éd. Economica,1982). (P. d. Lavergne, Trad.) Paris - IX Dauphine: The free Press. Consulté le 12 18, 2021

Porter, M. E. (1982). *Choix Strategiques et Concurrence.* Paris: ECONOMICA.

Porter, M. E. (1985). *L'avantage Concurrentiel.* New York: The free Press.

Porter, M. E. (1998). *L'avantage Concurrentiel des Nations.* DUNOD.

Rongead. (s.d.).
*https://www.nitidae.org/files/652630c1/guide_export_clasquin_.pdf.* Récupéré sur https://www.nitidae.org/: https://www.nitidae.org/files/652630c1/guide_export_clasquin_.pdf

Salais, R. (2013). *1950-1957, le marché commun, l'europe par le marché?* (éd. Caern.info Matieres à reflexion, Vol. 1). (CAERN, Éd.) Paris, France:

Presse universitaire de France (PUF). Consulté le 11 28, 2021, sur https://www.cairn.info/le-viol-d-europe---page-151.htm

Sarl, Y. C. (2008). *Proposition d'un mecanisme de financement test pour l'exportateurs de la mangue fraiche.* Dynamisation de la filiere de la mangue fraiche à l'export, PAFASP.

School, E. G. (s.d.). Promotion International. Espagne. Récupéré sur www.reingex.com

Slim Shaker, O. e. (2010). *Presentation du mandat et de la strategie nationale de promotion des exportations.* Etudes de references, Ministere du commerce, de promotion de l'entreprise et de l'artisanat, PACDE, Ouagadougou.

Slim Shaker, O. e. (2010). *Restructuration du dispositif institutionnel de l'ONAC.* Etudes de references, Ministere du Commerce, de la promotion de l'entreprise et de l'artisanat.

Tyson, L. d. (1990). Managed trade : making the best of the second best. *An American trade strategy : options for the 1990s.*

UEMOA. (2005). *Strategie regionale de mise en oeuvre du programme d'aide pour le commerce de l'UEMOA.* Ouagadougou.

www.ingramcontent.com/pod-product-compliance
Lightning Source LLC
Chambersburg PA
CBHW070719220326
41598CB00024BA/3230